SÉDUCTION, AMOUR ET MARIAGES EN NOUVELLE-FRANCE

DU MÊME AUTEUR

Le bourreau au Canada sous le Régime français, Québec, La Société historique de Québec, 1966, 132 p.

La justice criminelle du roi au Canada au XVIIIe siècle. Tribunaux et officiers, Québec, Les Presses de l'Université Laval, 1978, 188 p.

Crimes et criminels en Nouvelle-France, Montréal, Boréal Express, 1984, 187 p.

La vie urbaine en Nouvelle-France, Montréal, Boréal, 1987, 148 p.

Les marginaux, les exclus et l'Autre au Canada aux XVIIe et XVIIIe siècles (sous la direction de), Montréal, Fides, 1996, 327 p.

Antoine Pepin dit Lachance. 1636-1703. Un pionnier de l'île d'Orléans, Sherbrooke, GGC éditions, collection « Patrimoine », 1998, 114 p.

Juger et punir en Nouvelle-France. Chroniques de la vie quotidienne au XVIIIe siècle, Montréal, Libre Expression, 2000, 182 p.

Vivre, aimer et mourir en Nouvelle-France. La vie quotidienne aux XVIIe et XVIIIe siècles, Montréal, Libre Expression, 2000, 226 p.

« La vie est si fragile... ». Étude sur la mort violente dans les Cantons de l'Est, 1901-1950, Sherbrooke, GGC éditions, 2002, 209 p.

Vivre à la ville en Nouvelle-France, Montréal, Libre Expression, 2004, 307 p.

Robert Pepin, c. 1639-1686. Un pionnier sur les toits de Québec au XVIIe siècle, Sherbrooke, GGC éditions, collection « Patrimoine », 2005, 110 p.

ANDRÉ LACHANCE

SÉDUCTION, AMOUR ET MARIAGES EN NOUVELLE-FRANCE

Libre Expression
QUEBECOR MEDIA

Catalogage avant publication de Bibliothèque et Archives Canada

Lachance, André, 1937-

Séduction, amour et mariages en Nouvelle-France

Comprend des réf. bibliogr.

ISBN 978-2-7648-0337-0

1. Amours – Québec (Province) – Histoire – 17e siècle. 2. Amours – Québec (Province) – Histoire – 18e siècle. 3. Séduction – Québec (Province) – Histoire. 4. Mariage – Québec (Province) – Histoire. 5. Canada – Mœurs et coutumes – Jusqu'à 1763. I. Titre.

GT2713.A3Q8 2007 392.409714'09032 C2007-940222-4

Éditeur
ANDRÉ BASTIEN

Maquette de la couverture
FRANCE LAFOND

Infographie et mise en pages
GAÉTAN LAPOINTE

Images en vignette, situées en début de chapitre : collections particulières

Remerciements
Les Éditions Libre Expression reconnaissent l'aide financière du gouvernement du Canada par l'entremise du Programme d'aide au développement de l'industrie de l'édition (PADIÉ) pour ses activités d'édition. Nous remercions le Conseil des Arts du Canada et la Société de développement des entreprises culturelles du Québec (SODEC) du soutien accordé à notre programme de publication. Gouvernement du Québec – Programme de crédit d'impôt pour l'édition de livres – gestion SODEC.

Les Éditions Libre Expression
Groupe Librex
La Tourelle
1055, boul. René-Lévesque Est
Bureau 800
Montréal (Québec) H2L 4S5
Tél. : 514 849-5259
Téléc. : 514 849-1388

Distribution au Canada
Messageries ADP
2315, rue de la Province
Longueuil (Québec) J4G 1G4
Téléphone : 450 640-1234
Sans frais : 1 800 771-3022

Dépôt légal – Bibliothèque et Archives nationales du Québec, 2007
ISBN : 978-2-7648-0337-0

Table des matières

INTRODUCTION

L'Histoire ne se résume plus aujourd'hui à cet exposé ennuyeux, rempli de dates, de noms de rois et de nobles que beaucoup d'entre nous ont connu. Elle sert à présent à remonter le temps pour découvrir comment ont vécu ceux et celles qui nous ont précédés et connaître leurs pensées, leurs attitudes, leurs comportements. Elle a cessé d'être seulement un répertoire de faits pour devenir une enquête sur l'Homme du passé. Désormais sorti de l'oubli, ce dernier nous offre un système de références auquel confronter nos acquis du XXIe siècle. Il devient alors tentant pour l'historien d'étudier ce qui est le point central de la plupart des cultures : les sentiments, qui constituent un des domaines les plus secrets de notre être. Les sentiments dont l'amour, avec sa prémisse, la séduction, et son corollaire, la sexualité, sont de nos jours des réalités auxquelles nous ne pouvons pas échapper tant elles emplissent notre horizon. Que nous écoutions un chanteur ou une chanteuse à la mode, une plaisanterie d'un compagnon de travail au bureau ou à l'usine, que nous ouvrions au hasard notre téléviseur, nous devons affronter sans arrêt ces réalités. Comment faire autrement puisque, sur terre, la plupart des êtres vivants sont sexués et appelés à séduire ?

Ce livre tente ainsi de découvrir les relations intimes que les personnes, en particulier les gens du peuple, ceux que l'élite appelait souvent les « gens du commun », pouvaient entretenir les uns avec les autres. Or, essayer de cerner l'histoire privée du couple est un exercice périlleux. Dans un premier temps, l'intimité apparaît souvent comme une qualité du lien amoureux, comme une étape de la relation entre les individus. L'amour n'est pas toujours facile à exprimer, d'autant plus que les amoureux n'ont pas besoin de tout se dire. La qualité de leurs échanges repose sur leur capacité à deviner les émotions et les pensées de l'autre. Le silence dans la relation amoureuse est pourvu de sens. On y retrouve beaucoup d'éléments implicites qui reposent sur un ensemble de codes connus et utilisés uniquement par les amants. La dynamique affective n'est-elle pas faite d'inattendus, de rebondissements, de conduites irrationnelles qui rendent l'explication aléatoire, voire impossible ?

Dans ce contexte, décrire ce que vivent les couples aux XVIIe et XVIIIe siècles n'est pas chose facile. Il est rarement question de sentiments dans les documents. Dans les actes ou les procès, les rédacteurs, les notaires et les greffiers des cours de justice voilent souvent les émotions des acteurs pour se limiter aux paroles prononcées. Tout de même, les archives judiciaires nous permettent d'approcher la partie intime des êtres. En effet, elles sont toujours éclairantes pour qui veut étudier les attitudes, les comportements et les habitudes sociales.

Il existe plusieurs types d'archives judiciaires, mais toutes saisissent au vol un court moment de la vie du passé. Elles sont « un lieu de paroles captées », comme l'écrit si bien l'historienne française Arlette Farge dans un éclairant petit ouvrage, *Le goût de l'archive* (1989). Par leurs paroles tenues « à ras de drame », les témoins à un procès viennent décrire ce qui s'est produit. Les archives transmettent alors brutalement le vécu d'il y a trois siècles. C'est un geste, un décor, qui apparaît sous nos yeux. La plainte ou le témoignage immobilise soudain devant nous des personnages qui viennent expliquer, commenter, raconter comment cet événement, ce fait divers, a pu survenir dans leur vie. Les archives judiciaires deviennent comme une brèche dans le tissu social des jours où tout se concentre sur quelques moments de la vie quotidienne. Elles recueillent des instants de vie, si bien qu'en dépliant un manuscrit, nous avons l'impression, peut-être naïve, de déchirer le voile du présent et, comme après un long voyage dans le temps, de voir s'étaler sous nos yeux des fragments du temps passé. En lisant les dépositions des témoins et les interrogatoires des accusés, nous nous prenons à penser que nous ne travaillons plus avec des morts, mais avec des vivants. Comme si un monde disparu se matérialisait devant nous.

Les archives racontent des histoires. Par exemple, elles nous disent avec plus ou moins de détails entre qui se sont établies des relations intimes, dans quelles circonstances et ce qui en a résulté. Les conjonctures de la déclaration amoureuse, des promesses de l'amant et de la séduction nous sont narrées. Autant de tableaux, de prises de vues successives, qui nous laissent percevoir les sentiments, les émotions de ceux et celles qui ont vécu ces moments particuliers. Bref, autant de parcelles du temps passé, de lambeaux de vie, qui surgissent ainsi des archives judiciaires et permettent de saisir les émotions, les sentiments, que nos ancêtres ont vécus dans la vallée laurentienne sous le Régime français.

PREMIÈRE PARTIE

L'ADAPTATION DE L'IMMIGRANT

Pierre Aveline, *La belle cuisinière,* XVIIIe siècle, France.
D'après une peinture de François Boucher, copyright Roger-Viollet.

Avant de penser à séduire, aimer et se marier, il a fallu que ceux et celles qui ont débarqué en Nouvelle-France s'acclimatent à leur nouvel environnement, s'y adaptent et décident de s'y installer.

Plus de 33 000 immigrants seraient venus dans la vallée du Saint-Laurent avant 1760. Parmi eux, 14 000 y sont demeurés dont 10 000 se sont mariés dans la colonie. La France fut loin de « dépeupler son Royaume pour peupler la colonie » comme le craignait le ministre Colbert lorsque l'intendant Jean Talon lui demanda en 1668 d'envoyer davantage de colons en Nouvelle-France. En réalité, selon l'historien et démographe Yves Landry, l'apport français à la Nouvelle-France ne représente, chaque année, qu'environ dix départs par million de Français vivant à cette époque. Ce sont les régions situées près des ports d'embarquement que sont La Rochelle, Bordeaux, Rouen, Dieppe et Saint-Malo qui en ont fourni le plus.

D'une façon générale, ces immigrants, du moins pour une grande partie d'entre eux, ne viennent pas de façon spontanée en Nouvelle-France. Si l'on excepte les années de disette et de misère que connut la France au XVIIe siècle, en temps ordinaire, il fallut aller les chercher dans leurs villes (quatre hommes et sept femmes sur dix ayant immigré sont d'origine urbaine), villages et campagnes. Surtout, il fallut les solliciter. Les compagnies royales et certains particuliers chargés de recruter pour des capitaines et des marchands de La Rochelle entreprirent de faire toute une propagande en faveur des colonies. Afin d'encourager les gens à s'embarquer, des affiches, des billets adressés aux curés, des feuilles volantes où apparaissaient des descriptions idylliques de la Nouvelle-France ont circulé dans les provinces françaises. Cependant, l'essentiel du recrutement se fit par les récits des colporteurs ou par les échanges verbaux, à l'occasion de rencontres dans les cabarets et auberges, ou par le bouche à oreille d'un parent à un autre. Avant 1700, sur dix immigrants établis dans la colonie, trois sont arrivés mariés ou avec des proches parents. Plusieurs aussi viennent rejoindre un parent ou une connaissance déjà fixée dans la vallée laurentienne. Ce sont principalement des hommes qui immigrent. Ils sont en effet treize à quatorze fois plus nombreux que les femmes.

Dans la majorité des cas, ils débarquent dans la colonie comme militaires (53 %) ou engagés (16 %) recrutés principalement par l'État après 1663. La plupart des soldats n'avaient pas choisi le Canada, ils ont simplement obéi à l'ordre de leurs commandants, ce qui était aussi le cas de plusieurs religieux. Les engagés étaient payés pour venir travailler trois ans dans la colonie et libres de rentrer en France par la suite. Tous ces immigrants sont en grande partie célibataires et ont entre quinze et vingt-cinq ans.

Toutefois, il arrive que les engagés soient encore plus jeunes. En 1664, le Conseil décrit ceux qui viennent d'arriver comme étant « la plupart jouvenceaux et écoliers dont la majeure partie n'avait jamais travaillé ». Trois années plus tard, l'intendant Jean Talon écrit au ministre Colbert qu'il en a reçu 127 « très faibles, de bas âge et de peu de service ». Dans les années 1680, à la suite de l'arrivée d'une soixantaine d'engagés, dont l'âge varie entre douze et quinze ans, le gouverneur Jacques-René de Brisay de Denonville notera que ceux-ci ne sont que des « petits enfants qui ne sont bons que pour garder les vaches ». Pourtant, dès 1667, Talon avait demandé au ministre de n'envoyer dans la colonie que des hommes âgés entre seize et quarante ans qui ne soient ni fous, ni « estropiés », ni malades « de maladies habituelles », ni fils de famille pris par force, « parce que ces sortes de personnes, selon l'intendant, ou sont à charge au pays ou le [deviennent] ». Ce n'est qu'au début du XVIIIe siècle qu'une ordonnance du roi détermina officiellement que tous les immigrants recrutés pour la Nouvelle-France devraient avoir au moins dix-huit ans et pas plus de quarante, mesurer au minimum quatre pieds (un mètre quarante) et être en état de travailler.

Cependant, l'économie de la Nouvelle-France basée sur la traite des fourrures et l'agriculture n'attire pas beaucoup de gens de métier. Il y a peu de possibilités économiques dans la colonie pour un Français désireux d'améliorer son sort. En général, les hommes qui viendront au Canada seront issus des groupes populaires. Peu qualifiés, pas très instruits, ils n'ont pas beaucoup de biens au départ, sans toutefois être indigents. Devant la pauvreté des nouveaux arrivants, dès octobre 1663, le Conseil souverain réagira en décrétant que toute personne qui n'a pas de quoi s'établir immédiatement sur une terre devra obligatoirement effectuer trois années de probation avant d'acquérir les droits et privilèges des colons. Bref, l'engagement civil devint alors obligatoire pour tous ceux qui n'avaient pas suffisamment de biens pour vivre par eux-mêmes en débarquant dans la colonie.

L'engagé est «un homme tenu d'aller partout et [de] faire ce que son maître lui demande, comme un esclave durant le temps de son engagement», écrivait le gouverneur Frontenac au ministre Seignelay en 1681. Il est la propriété et la chose de celui qui le prend à son service à son arrivée dans la colonie. Contrairement à nous, citoyens du XXIe siècle, à qui répugnerait une telle entente où notre liberté serait entre les mains d'un autre, l'obéissance absolue à un maître ne rebute aucunement ces hommes du XVIIe siècle. Dans la colonie, être au service d'un habitant qui les loge, les nourrit et les blanchit est l'équivalent, pour les gens du commun, d'occuper en France une place de valet dans un hôtel noble ou bourgeois, un emploi empreint de beaucoup de prestige à l'époque. Ils sont donc loin de se plaindre de cette servitude totale à un maître.

La traversée

Partis principalement de l'Île-de-France ou du Nord-Ouest (Normandie, Bretagne, Poitou, Aunis, Saintonge et Picardie), ces immigrants, en majorité masculins, ont pris la mer pour venir en Nouvelle-France. Quittant une France où leurs conditions de vie étaient difficiles, ils ont surmonté leurs peurs d'entreprendre la traversée. D'ailleurs, plusieurs proverbes circulaient en Europe et venaient conforter leurs craintes en leur conseillant de ne pas s'aventurer sur la mer : « Louez la mer, disaient les Latins, mais tenez-vous sur le rivage » ; « Mieux vaut être sur la lande avec un vieux chariot que sur la mer avec un navire neuf », affirmaient les Hollandais ; ou « Si tu veux apprendre à prier, va sur la mer », déclare le personnage de Cervantès, Sancho Pança, dans *Don Quichotte*. Aussi, on craignait la traversée de l'Atlantique Nord en direction du Canada, car elle avait la réputation d'être extrêmement difficile. En 1716, le commandant du navire *François*, le capitaine Voutron, qui avait effectué ce voyage plusieurs fois, écrivait :

> J'ai été sept fois au Canada et quoique je m'en sois bien tiré, j'ose assurer que le plus favorable de ces voyages m'a donné plus de cheveux blancs que tous ceux que j'ai faits ailleurs. Dans tous les endroits où l'on navigue ordinairement, on ne souffre point et l'on ne risque pas comme au Canada. C'est un tourment continuel de corps et d'esprit.

Les immigrants ont donc surmonté toutes leurs craintes face à la mer pour monter à bord d'un navire à destination du Canada. Chaque année en temps de paix, les bateaux amenaient régulièrement entre 150 et 200 visiteurs et immigrants en moyenne, sans compter les membres d'équipage.

Sauf pour la période entre 1663 et 1673, époque de l'arrivée des « filles du roi », il y avait peu de femmes parmi les passagers. Lorsqu'elles embarquaient, elles étaient presque toujours accompagnées de leur mari ou de leur fils. Autrement, leur vertu aurait été trop en danger, puisque personne à bord des vaisseaux, à l'époque, n'était « chez soi », le logis n'étant toujours qu'un campement pour presque tout le monde. Seul le capitaine avait sa chambre. Les officiers et les passagers de marque occupaient à plusieurs les cabines aménagées sous le gaillard d'arrière. Les marins avec les soldats et les prisonniers logeaient dans les entreponts. Les autres passagers occupaient l'arrière du bâtiment, ce qu'on appelait alors la « sainte-barbe », serrés comme des sardines. En raison du peu de hauteur du lieu, ils pouvaient à peine se tenir debout. Cet endroit mesurait environ un mètre soixante de haut sur les vaisseaux de cinquante canons et seulement un mètre douze sur un brigantin de quatre-vingts tonneaux comme la *Madeleine,* qui a traversé plusieurs fois l'Atlantique. Ceux qui couchaient dans les entreponts dormaient dans des hamacs suspendus aux baux du navire, alors que les personnes logées dans la sainte-barbe avaient à leur disposition, superposés en deux ou trois rangées, des cadres lacés avec du bitord sur lesquels on avait déposé des matelas. Le confort de ces lieux étroits et bas laissait beaucoup à désirer, il en dérangeait plusieurs lorsqu'ils en prenaient possession. Le père jésuite Nau, qui fit le voyage de La Rochelle à Québec en 1734, écrivait à ce propos :

> La seule vue de la sainte-barbe où nous devions coucher pendant la traversée nous déconcerta tous, moi le premier. C'est une chambre grande comme la Rhétorique de Bordeaux [classe du

> collège des Jésuites] où l'on voit suspendus en double rang des cadres, qui devaient servir de lits aux passagers, aux passagères, aux officiers inférieurs et aux canonniers. Nous étions pressés dans ce lieu obscur et infect comme des sardines dans une barrique. Nous ne pouvions nous rendre à nos lits sans nous heurter vingt fois la tête et les jambes. La bienséance ne nous permettait pas de nous déshabiller. Nos habits à la longue nous brisaient les reins. Le roulis de mon toit démontait nos cadres et les mêlait les uns avec les autres.

Puis, lorsque le contremaître avait réussi à disposer les marchandises de façon que le navire garde son équilibre, et qu'il avait assigné à chacun son « logis », on descendait à terre une dernière fois pour entendre la messe. Après, le commandant faisait « battre la caisse » pour avertir l'équipage et les passagers qu'il était temps de monter à bord, car on allait mettre le bateau en rade.

Cependant, il arrivait souvent que plusieurs manquaient à l'appel. Nombreux étaient ceux qui, à la dernière minute, avaient déserté ou cru qu'ils avaient le temps d'aller embrasser leur femme ou leur amie avant le départ, ayant estimé que les vents ne seraient pas favorables avant longtemps. Le fils de famille Claude Le Beau, envoyé au Canada par ordre du roi en 1729, raconte dans ses *Avantures*, qu'ils furent d'abord « environ huit jours en rade, à quatre lieues de La Rochelle vis-à-vis de l'Île de Ré », où ils attendirent l'arrivée du coadjuteur de l'évêque de la Nouvelle-France, Mgr Pierre-Herman Dosquet, et du nouvel intendant, Gilles Hocquart. Ce n'est qu'après « qu'ils furent entrés, ajoute Le Beau, qu'on leva les ancres pour ne les plus jeter de longtemps. Après avoir salué la ville de quelques coups de canon, nous fîmes voile pour Québec, vers les dix heures du matin. La saison était belle et le vent favorable. » Toutefois, il arrivait fréquemment que, même si on avait levé les ancres, tiré le canon pour indiquer le départ et salué la ville, on ne puisse pas partir tout de suite, les vents n'étant pas « bienveillants ».

Lorsque le vaisseau réussissait à quitter le port et à s'engager sur l'Atlantique, deux routes s'offraient au capitaine. Si le navire partait du nord-ouest de la France, par exemple de Saint-Malo, il passait habituellement par les îles anglaises Scilly (ou Sorlingues), situées au sud-ouest de la Grande-Bretagne, pour ensuite louvoyer contre les vents d'ouest entre l'Irlande et les brumes glaciales du Nord. Si, par contre, le bateau partait du sud-ouest, par exemple de La Rochelle ou de Bordeaux, il longeait la côte de France vers le nord et passait par les îles d'Ouessant et de Sein, pour ensuite suivre sensiblement la même route que le navire venant du nord-ouest. Cette dernière voie navigable n'était fréquentée qu'entre Pâques et la fin de l'automne. À cause des vents dominants d'ouest, il fallait en général deux mois, deux mois et demi environ pour se rendre au Canada, contre un peu plus d'un mois pour en revenir.

Pendant la traversée, une foule d'aléas pouvaient entraver le voyage. Par exemple, comme on naviguait à l'estime, c'est-à-dire en se basant uniquement sur les caps suivis et la vitesse du bateau calculée de façon empirique, les erreurs d'appréciation, les naufrages et les avaries qui en résultaient faisaient partie du quotidien du voyage. Aussi s'ajoutait le risque d'être attaqué par des corsaires. En outre, avec son temps froid, ses brumes et ses glaces près des côtes canadiennes, le climat rude de l'Atlantique Nord rendait pénible la vie à bord. À l'entrée du golfe Saint-Laurent, les navires croisaient probablement de ces glaces et de ces icebergs que, déjà en 1611, le jésuite Pierre Biard mentionnait dans sa *Relation* :

> Ces glaces étaient monstrueuses. En aucun endroit, apparaissaient de hauts et prodigieux glaçons nageant et flottant, élevés de trente et quarante brasses, gros et larges comme si vous joigniez plusieurs châteaux ensemble, et comme [...] si l'église Notre-Dame-de-Paris avec une partie de son île, maisons et palais, allaient flottant dessus l'eau.

En plus, le froid et l'humidité étaient d'autant plus mordants à bord que souvent, à cause du mauvais temps et des fréquentes tempêtes qui balayaient l'océan, on ne pouvait faire de feu sur le navire pour se réchauffer ou pour cuire la nourriture, par crainte des incendies. L'équipage et les passagers devaient alors se contenter de repas froids. Il arrivait également que les paillasses, lits et « branles » (hamacs), dans lesquels ils couchaient, fussent détrempés, les vivres et les marchandises gâtés par l'eau qui s'infiltrait partout dans le navire. Au XVIIe siècle, le confort à l'intérieur de ces petits bateaux d'environ 200 tonneaux laissait donc à désirer, d'autant plus que la place réservée aux passagers y était très limitée. Cette promiscuité, jointe à l'absence d'hygiène, au froid et à l'humidité qui sévissaient à bord, faisait en sorte que des épidémies se déclaraient et que 7 à 10 % des passagers décédaient avant d'arriver en Nouvelle-France.

Après trente à quarante jours de navigation sur l'océan, on arrivait à l'entrée du golfe Saint-Laurent. Le bateau s'arrêtait habituellement à Gaspé pour se ravitailler en eau et en légumes, puis il s'engageait dans le fleuve Saint-Laurent qu'il remontait sur 500 kilomètres avant d'atteindre le petit port de Tadoussac, situé à l'embouchure de la rivière Saguenay. Durant longtemps, les navires n'ont pas osé s'aventurer plus loin que ce port de mer, de peur de faire naufrage. Le reste du trajet jusqu'à Québec s'effectuait au moyen de barques dans lesquelles on avait transbordé les passagers et les marchandises. Toutefois, dès le début des années 1660, les navires se rendirent de plus en plus souvent jusqu'à la capitale de la Nouvelle-France.

Tadoussac étant encore fréquemment l'objet d'attaques de la part des Iroquois dans les années 1660, on ne s'y attardait pas trop longtemps. Dès que le vent était favorable, le bateau repartait en direction de Québec, 200 kilomètres plus haut. Ce n'est qu'au cap Tourmente et à l'île d'Orléans, alors qu'on s'approchait de la capitale de la Nouvelle-France, que les passagers prenaient contact pour la première fois avec des lieux un peu plus habités de la colonie. À ce moment, sur la rive nord du fleuve et le côté nord de l'île, s'alignait une série de maisons et de granges. On peut imaginer les passagers sur le pont du navire, accoudés au bastingage, en train de contempler ce paysage qui s'offrait à leur vue. Ce spectacle se poursuivait avec une certaine continuité jusqu'à Québec.

Après une soixantaine de jours en mer, on atteignait le port de Québec. Le site de la ville de Québec, entre 1660 et 1670, était magnifique. Là-haut, sur le cap Diamant, on apercevait d'abord les quatre clochers qui perçaient le ciel de la capitale, soit ceux de l'église paroissiale, du collège des Jésuites, de la chapelle des Ursulines et de l'Hôtel-Dieu. Sur la pointe est du cap s'élevait le château Saint-Louis. On pouvait voir, éparpillées autour de ces bâtiments, les maisons bâties le long de la rue Saint-Louis en particulier. Enfin, deux moulins à vent se dressaient sur la pointe rocheuse. Au-dessous du cap, à la basse-ville, sur une étroite bande de terre, large d'à peine quelques dizaines de mètres entre la grève et la falaise, près de la rade, se trouvaient les constructions de l'État: magasin du roi et entrepôts, boutiques et maisons des marchands. Ces deux parties de la ville étaient reliées par un chemin sinueux et raide dont l'escarpement étonnait de prime abord les visiteurs. À droite en descendant cette côte, il y avait une «palissade d'arbres» derrière laquelle s'élevaient un «grand nombre de cabanes de sauvages».

Québec n'avait toujours pas d'enceinte. Elle demeurera une ville ouverte jusqu'en 1690. Pendant toute cette période, à défaut de remparts, en cas d'attaque des Iroquois, la population de la basse-ville se barricadait dans ses maisons. À la haute-ville, le fort Saint-Louis, le collège des Jésuites, le couvent des Ursulines et la maison de Mgr Laval étaient fortifiés pour servir de refuge à la population.

Le premier contact avec le nouveau pays

Les immigrants débarquaient dans un pays qui, sur le plan physique, était sans commune mesure avec ce qu'ils avaient connu en France. Ils étaient devant une colonie dont l'immensité et la « sauvagerie » les dépassaient. Ils venaient de remonter un fleuve aux dimensions énormes par rapport aux fleuves français. Par exemple, l'embouchure du Saint-Laurent a une centaine de kilomètres de large alors que la Seine n'en a que cinq. Ils étaient devant des forêts qui s'échelonnaient à perte de vue le long du Saint-Laurent. La vallée laurentienne était couverte, au nord, d'une forêt de conifères et au sud, de feuillus. Elle était peuplée d'une faune riche et variée telle que chevreuils, ours, castors, etc. Quant au climat, ils entraient dans une contrée qui n'avait que deux saisons : un hiver très long et difficile, et un été souvent très chaud et très bref. À ce propos, Pierre Boucher écrivait dans son *Histoire véritable et naturelle (...) de la Nouvelle-France* en 1663 :

> On n'en compte proprement que deux [saisons], car nous passons tout d'un coup d'un grand froid à un grand chaud, et d'un grand chaud à un grand froid ; c'est pourquoi on ne parle que par hiver et été.

En débarquant à Québec au début de l'été, nos immigrants ont dû être surpris par la chaleur comme l'avait été quelques années plus tôt, en 1633, le père jésuite Le Jeune :

> La chaleur est ici grande et brûlante [...] Il fait ici des chaleurs si violentes en ce mois de juin et une si grande sécheresse que je n'ai rien vu ni senti de semblable en France.

Et s'ils ont osé aller se promener dans les bois aux alentours de la ville, des milliers de moustiques les ont sûrement attaqués. Le père Le Jeune écrivait à ce sujet dans sa *Relation* de 1632 :

> Je pensai être mangé des maringouins ; ce sont des petites mouches importunes au possible. [...] Pour les maringouins, c'est l'importunité même, on ne saurait travailler, notamment à l'air, pendant leur règne, si on n'a pas de la fumée auprès de soi pour les chasser [...]. J'en ai vu qui avaient le col, les joues, tout le visage si enflé qu'on ne leur voyait plus les yeux. Ils mettent un homme tout en sang quand ils l'abordent.

Et la situation était encore la même cent ans plus tard, puisque, à la suite de son arrivée au Canada en août 1734, l'abbé Joseph Navières, originaire de Limoges, s'empressait d'écrire à un confrère, demeuré dans sa ville natale, une lettre dans laquelle il qualifiait la Nouvelle-France de « royaume des Maringouins ». Heureusement, les moustiques se faisaient moins sentir si on demeurait dans les villes. Déjà, en 1632, Le Jeune notait qu'« il s'en trouve fort peu au fort de Québec, à cause qu'on coupe les bois voisins ».

L'adaptation au nouvel environnement

Fraîchement arrivés dans la colonie, les immigrants français ont à s'adapter à ce nouveau pays. Par exemple, le climat rigoureux de l'hiver fut pour eux un défi à relever. Une fois installés dans la colonie, ils ont connu leur premier hiver et un froid très différent de ce qu'ils avaient pu rencontrer en France, où les hivers étaient pluvieux, humides et plutôt doux. La longueur et la rudesse de l'hiver canadien, alors que la température hivernale règne pendant au moins cinq mois, les ont certainement surpris. En 1633, le père Le Jeune écrit à son supérieur: «L'hiver a été long: depuis le 27 novembre jusqu'à la fin d'avril, la terre a toujours été blanche.» Un voyageur en visite à Québec à l'été de 1662, Asseline de Ronval, qui d'abord avait voulu passer l'hiver dans la colonie, commença à s'ennuyer dès que le froid apparut. Il écrit à ce sujet:

> [...] n'ayant aucun dessein de retourner en France cette année, je m'appliquai à faire des habitudes avec lesquelles j'allais tous les jours à la chasse et à la pêche et le temps s'écoula insensiblement [mais] l'air devenant froid et les neiges tombant assez fréquemment empêchaient nos exercices ordinaires étant obligé de garder le logis il m'ennuyait beaucoup. Monsieur Gloria chez qui j'étais en pension me dit que si je passais ici l'hiver qui est très long et rigoureux, j'aurais le loisir de m'ennuyer, il me conseilla de retourner en France. Je le crus et peu de jours après je demandai mon congé.

Asseline de Ronval s'embarqua sur le vaisseau le *Saint-Pierre* à la fin d'octobre 1662. Le 12 décembre, il était de retour en France.

Et les nouveaux immigrants, comment ont-ils vécu leur premier hiver? Ont-ils connu, eux aussi, ce «spleen» hivernal dont parlait Asseline de Ronval alors que, dès le début de novembre, la neige recouvrait le sol? En pleine saison, la couche de neige pouvait atteindre jusqu'à trois mètres, l'épaisseur moyenne se situant autour d'un mètre et demi à deux mètres. Le père Le Jeune racontait à son correspondant dans sa *Relation* de 1633 :

> Il y avait partout quatre ou cinq pieds [un mètre et demi environ] de neige, en quelques endroits plus de dix [un peu plus de trois mètres] ; devant notre maison, une montagne. Les vents la rassemblant et nous, d'autre côté, la relevant pour faire un petit chemin devant notre porte, elle faisait comme une muraille toute blanche, plus haute d'un ou deux pieds [un demi-mètre environ] que le toit de la maison.

Cette neige et ce froid ont pu inciter certains des nouveaux immigrants, pas habitués à ce climat, à « s'encabaner ». Toutefois, s'ils ont osé apprendre à se servir de raquettes et à se vêtir chaudement, ils ont été capables de briser ainsi l'isolement dont parlait le voyageur français Asseline de Ronval. Louis Armand de Lom d'Arce, baron de Lahontan, écrivait à propos des raquettes vers la fin du XVIIe siècle :

> Elles [les raquettes] sont si nécessaires [pour marcher sur la neige] qu'il serait impossible, non seulement de chasser et d'aller dans les bois, mais même d'aller aux églises, pour peu qu'elles soient éloignées des habitations ; car il y a ici ordinairement trois ou quatre pieds [un mètre environ] de neige pendant l'hiver.

Le jésuite Charlevoix, qui a séjourné dans la colonie vers 1720, décrivait à ses lecteurs français dans son *Histoire et description générale de la Nouvelle-France* la façon de marcher avec des raquettes :

> Il faut tourner un peu les genoux en dedans et tenir les jambes écartées. Il en coûte d'abord pour

> s'y accoutumer, ajoutait-il, mais quand on y est fait, on marche avec facilité et sans se fatiguer davantage, comme si on n'avait rien aux pieds.

Cependant, malgré les temps froids, cela prendra un certain temps aux immigrants avant d'adapter leur habillement au climat canadien. Ils ont continué à s'habiller à la mode européenne comme ils avaient l'habitude de le faire en France: bonnet de laine rouge ou blanche sur la tête, ou encore chapeau de laine noire ou tapabord. Ils mettaient sur leur corps un caleçon de toile, un haut-de-chausse (culotte) de serge, une chemise de toile et aussi, quelquefois, une camisole ou chemisette. Par-dessus tous ces vêtements, ils portaient un justaucorps de bure doublé de serge et, autour du collet, un rabat en toile de batiste ou en dentelle. Tout ce qu'ils avaient en plus pour se protéger du froid, c'était un manteau ou capot de drap. À leurs pieds recouverts de longs bas de toile, de drap ou de laine assez grossière, ils avaient des souliers «français» munis de talons ou des sabots de bois. Ils protégeaient leurs mains du froid avec des mitaines de laine ou de castor ou, encore, ils les glissaient dans un manchon de fourrure.

Ce n'est que par nécessité absolue qu'ils adoptèrent, au fur et à mesure de leur enracinement dans le pays, certains éléments du costume amérindien comme les mitasses, les mitaines, les casques en fourrure et les souliers sauvages. Ces derniers étaient indispensables à partir du moment où, pour se déplacer en hiver, il leur faudra chausser des raquettes. Dès le printemps, ils s'empresseront de les enlever pour remettre leurs souliers «français».

Bien chaussés et bien vêtus, il leur était possible de sortir de leur isolement et de profiter de l'hiver canadien. Par exemple, les amoncellements de neige pouvaient être l'occasion de jeux, de glissades joyeuses, comme le mentionnait le jésuite Le Jeune dans sa *Relation* de 1633 :

> On se roule ici sur la neige comme en France sur l'herbe de nos prairies, pour ainsi dire. Combien de fois, trouvant quelque colline ou montagne à descendre, me suis-je laissé rouler à bas sur la neige, sans en recevoir autre incommodité, sinon de changer pour un peu de temps mon habit noir en un habit blanc ; et encore cela se fait-il en riant. Car, si on ne se soutient bien assis sur ses raquettes, on se blanchit aussi bien la tête que les pieds. Combien de fois ai-je fait de même sur des glaces fort hautes, qui bordaient la rivière sur laquelle je voulais aller.

Le froid sévissait durement en janvier et février, la moyenne des températures se situant alors autour de moins 7 degrés Celsius. Cependant, le mercure variait beaucoup, et il pouvait descendre jusqu'aux environs de moins 30 degrés Celsius certains jours. « Le froid était parfois si violent, notait le père Le Jeune en 1633, que nous entendions les arbres se fendre dans les bois, et en se fendant faire un bruit comme des armes à feu. »

Un siècle plus tard, on constate que la température a peu changé. Claude Lebeau, un fils de famille arrivé dans la colonie en 1729, écrit dans son *Voyage curieux et nouveau parmi les sauvages de l'Amérique Septentrionale :*

> Il fait de si grands froids à Québec, que très souvent, lorsque je voulais aller depuis les Récollets

> où je demeurais jusqu'à l'Intendance, qui est à une des extrémités de la Basse-Ville, j'étais obligé d'arracher quantité de petits glaçons qui se trouvaient attachés à mes paupières. Souvent même les froids étaient si excessifs que j'étais forcé de me dispenser des devoirs auxquels m'obligeait mon emploi. On a trouvé quelquefois des gens raides morts de froid dans les chemins des côtes ou habitations. La neige pendant trois mois de l'année y étant de douze [quatre mètres] à quinze [cinq mètres] pieds, il y a beaucoup de maisons où l'on entre plutôt par les fenêtres du premier étage que par les portes qui, malgré les soins qu'on se donne, se trouvent toujours bouchées par des coups de vent de bise qui les comblent de neige.

Toutefois, en 1757, M. de Bougainville écrivait dans son mémoire sur l'état de la Nouvelle-France « que le froid y est toujours beau et fort sec, pourvu qu'il n'y ait pas du vent de nord-est, qui produit toujours de la neige l'hiver et de la pluie le printemps ». Il ajoutait: « Il est aisé de juger de la rigueur de la saison quand on songe que le fleuve Saint-Laurent prend tous les hivers à pouvoir le traverser en voiture. »

Ce froid pesait donc lourdement sur les nouveaux arrivés. Il s'insinuait dans leur vie quotidienne non seulement à l'extérieur, mais aussi à l'intérieur, dans les maisons. Qu'elles soient de pierre ou de bois, les demeures étaient mal isolées et exigeaient de grandes quantités de bois pour les chauffer. Le feu intense qu'il était nécessaire d'entretenir dans les cheminées au Canada obligeait les habitants à utiliser de quinze à vingt cordes de gros bois par année. Et encore cela ne permettait pas d'être à l'abri du froid, car, comme l'écrivait Marie de l'Incarnation à son fils, « on se chauffe d'un côté et, de l'autre, on meurt de froid ». Cette grande consommation de bois requérait des semaines de « bûchage » et de manutention de leur part, eux plutôt habitués, dans leurs provinces natales, à la fabrication de fagots qu'à l'abattage d'arbres.

L'établissement

Aussi, dès leur arrivée, les immigrants engagés étaient pris en charge par des habitants. Ceux-ci les logeaient, les nourrissaient et les blanchissaient. En retour, les engagés travaillaient sur leur terre. C'est ainsi qu'ils étaient initiés au travail de la terre, que souvent ils n'avaient pas connu en France, plusieurs immigrants masculins venant de régions urbaines. Puis, s'ils réussissaient à s'acclimater au pays et qu'ils décidaient de demeurer dans la colonie (près des deux tiers de ceux et celles qui venaient en Nouvelle-France retournaient en France après un séjour de quelques années dans la colonie), ils pouvaient, une fois leur contrat terminé, se faire concéder une terre ou s'en acheter une avec les petites économies, une centaine de livres environ, qu'ils avaient pu amasser. Au XVIIe siècle, par exemple, il y avait encore des terres disponibles dans la région de Québec. Souvent, avant même qu'ils aient terminé leur contrat de travail, il arrivait qu'ils aient pu obtenir une concession qu'ils commençaient à défricher pendant leurs temps libres. Souvent, à la fin de leurs trois années d'engagement, une partie de leur terre était défrichée, ils pouvaient alors songer à fonder une famille.

L'engagé qui restait dans la colonie et s'installait sur une terre ne pouvait que réjouir les autorités coloniales. Il devenait un «habitant» à part entière, et rien ne le différenciait des autres sur le plan social. Son seul désavantage pouvait être d'ordre économique, et il était capable de surmonter ce handicap par le travail, l'énergie et le sens pratique. Pour garantir sa subsistance et celle, éventuellement, de sa famille, il devait trimer dur, lui peu préparé à la tâche qui l'attendait. Défricher et nettoyer la terre, la piocher à travers les racines, abattre les arbres, les couper, les équarrir, les scier en planches ou en billes constituaient des travaux pénibles auxquels peu d'engagés étaient préparés avant d'arriver dans la colonie. Tous ces labeurs, le nouvel immigrant devait les effectuer la plupart du temps sans attelage, avec une simple hache et une scie. En somme, il devait arracher toutes les souches ayant moins d'un demi-mètre de diamètre et faire mourir les plus grosses, en les entaillant circulairement au ras du sol à travers l'écorce, comme on le pratiquait à l'époque en Nouvelle-Angleterre, puis attendre qu'elles pourrissent, ce qui pouvait prendre de quatre à cinq ans environ. Les branchages étaient brûlés sur place, et on réservait le reste pour se chauffer l'hiver suivant. En attendant de se bâtir une maison plus spacieuse, pour s'abriter, le nouvel habitant s'était construit une minuscule cabane en pieux, souvent sans plancher, de quatre à cinq mètres de large sur environ six mètres de long, constituée de petits arbres qu'il avait coupés, aiguisés à un bout et plantés en terre. C'est là qu'il passera son premier hiver à titre d'homme libre.

À la fonte des neiges, en mars et avril, il rapportait le bois coupé près des bâtiments. Puis, en mai, il envoyait aux champs les animaux, s'il en avait, et le terrain qu'il avait nettoyé était ameubli à la houe, la charrue du pauvre, pour le rendre apte à recevoir la semence que l'on déposait alors dans la terre. Plus tard, lorsqu'il sera plus à l'aise, il utilisera une charrue à rouelle, une herse et une paire de bœufs. Il ensemençait ses champs de blé, la base de l'alimentation à l'époque, d'un peu d'orge, d'avoine et de pois. Le potager où il cultivait des choux, des navets, des carottes, des oignons et des citrouilles était aussi commencé à cette saison. Et à compter du moment où les plantes sortaient de terre, il veillait à les protéger contre les animaux en élevant des clôtures autour des champs, là où il n'y en avait pas encore, ou en réparant celles que la neige avait brisées. Il lui fallait aussi sarcler autour des plantes pour enlever les mauvaises herbes, drainer les sols et creuser des fossés afin d'éviter que les excès d'eau viennent gâter les cultures.

Vers la fin du mois de juillet, il procédait à la coupe du foin de ses champs. Il le disposait en grosses meules dont il se servira pour nourrir ses animaux pendant l'hiver. Enfin, au début de septembre, arrivait le temps de la récolte à la faucille des céréales qu'il attachait, mettait en bottes et rentrait dans la grange où elles seraient battues au cours de l'automne, puis envoyées au moulin seigneurial pour être transformées en farine. Cette saison était également consacrée à la préparation de l'hiver. Dès que le froid devenait un peu vif, il devait veiller à rentrer les animaux dans l'étable érigée de ses mains. Également, il était nécessaire d'abattre le porc qu'il avait engraissé et de placer la viande au grenier, ou dans le caveau, avec les aliments comme les salades, les choux et autres légumes afin qu'ils gardent leur fraîcheur.

Bref, il s'agissait pour lui de travaux épuisants, réalisés en partie pendant les chaleurs de l'été et, en partie, pendant les froids excessifs de l'hiver. Ceux-ci lui demandaient une énergie considérable. Ces tâches étaient beaucoup plus pénibles que tout ce qu'il avait pu connaître en France. Le procureur général du roi, Ruette d'Auteuil, les décrivait ainsi au début du XVIIIe siècle:

> [...] en ce pays, il faut qu'un pauvre habitant commence par abattre les arbres de son habitation qui est toute en forêt, qu'il coupe ces arbres de certaine longueur, maniable à un homme et à la femme, pour les pouvoir remuer avec des leviers et mettre en tas, qu'il les fait brûler, qu'ensuite il houe la terre à force de bras dessus et au travers les racines des arbres abattus pendant quelques années, qu'il en arrache le reste des troncs des arbres que l'on coupe à cinq ou six pieds de hauteur sur les neiges, qu'il fasse les fossés nécessaires dans les lieux aquatiques et qu'il fournisse à son entretien et à celui de sa famille qui est d'une excessive cherté, à cause de la longueur et rigueur de l'hiver.

Après un an d'occupation, selon l'historienne Louise Dechêne, un colon pouvait déclarer un arpent « en labour de pioche » et deux arpents « d'abattis » (terrain défriché mais non essouché) auxquels, chaque année, il pouvait ajouter deux arpents à ses emblavures en même temps qu'il entreprenait la construction de sa maison permanente « de pièce sur pièce ».

Toutefois peu d'engagés ou encore d'anciens soldats possédaient les 200 à 250 livres nécessaires pour subsister pendant un an et demi avant la première récolte, d'autant plus qu'après l'achat de la terre, ils devaient payer le notaire et l'arpenteur, et se procurer des outils, des ustensiles, des clous et des semences. Pour s'en sortir, l'engagé comme le soldat tentaient rapidement de marier une femme née au pays dont le père pouvait fournir au gendre, pendant les premières années, un toit, un emploi saisonnier sur sa ferme et, en retour de son travail, les services de « charrois, jours de charrue, etc. » dont il aurait besoin sur sa terre. De plus, cette épouse le secondera et l'aidera dans le défrichement, la culture de la terre et le soin des animaux.

Pour rencontrer sa future femme, l'immigrant acclimaté à son nouvel environnement et décidé à s'y fixer nouera des relations avec son voisinage. Il fera la cour aux belles célibataires de son entourage en vue d'en trouver une avec qui il pourrait fonder une famille et faire souche en Nouvelle-France. Comment s'y est-il pris pour les séduire ?

DEUXIÈME PARTIE
LA SÉDUCTION

Rober Delaunay, *Les soins tardifs*, XVIIIe siècle, France.
D'après une peinture de Pierre-Antoine Baudoin,

La séduction est une constante du comportement humain. Elle est sans doute née avec l'humanité. Elle est de tous les temps et de tous les lieux. Depuis toujours, des hommes et des femmes la pratiquent. De nos jours, la séduction est cet élan qui porte l'un vers l'autre deux êtres humains et les projette dans un dédale de sentiments et de ruses, de simulations et dissimulations, ainsi que dans les méandres de la pudeur et du dévoilement. Toutefois, contrairement à ce sens positif que nous donnons à cette action aujourd'hui, aux XVIIe et XVIIIe siècles le verbe « séduire » a un sens négatif, celui de tromper l'autre. Encore de nos jours, les dictionnaires *Larousse* et *Petit Robert* gardent ce sens premier. Cette signification nous vient du vocabulaire ecclésiastique. L'Écriture qualifie le diable d'« Esprit séducteur ». C'est cet esprit de séduction propre au démon que l'on trouve dans la définition que donne Antoine Furetière du séducteur dans son *Dictionnaire universel* (1690). Il écrit que le séducteur est celui « qui trompe, qui abuse les peuples ou les particuliers ». Au siècle suivant, Diderot dans l'*Encyclopédie* définit ainsi le séducteur : « C'est celui qui, dans la seule vue de la volupté, tâche avec art de corrompre la vertu, d'abuser de la faiblesse ou de l'ignorance d'une jeune personne. »

C'est cette acception qui prime en Nouvelle-France comme ailleurs en Occident.

La séduction est d'abord un acte social par lequel un homme et une femme sont entraînés dans une rencontre où l'esprit et le corps sont impliqués. Aux XVIIe et XVIIIe siècles, on essaie de séduire en « faisant l'amour ». Toutefois, contrairement à aujourd'hui où l'expression « faire l'amour » désigne essentiellement l'accouplement, sous l'Ancien Régime, elle signifie « faire la cour ». On faisait sa cour en vue de séduire l'autre.

Dans la colonie laurentienne, on séduisait d'abord avec le corps : l'apparence corporelle y joue un grand rôle. Chez la femme, la beauté est un facteur important de séduction. Aux XVIIe et XVIIIe siècles, les canons de la beauté féminine étaient très différents de ceux d'aujourd'hui. Le modèle féminin se caractérisait par ses rondeurs. Une belle femme possédait de larges hanches et un généreux décolleté. En général, les femmes bien « enveloppées », avec de l'embonpoint, étaient à la mode. La minceur devint synonyme de laideur, de mauvaise santé et souvent de pauvreté. Aussi, en France, et par conséquent en Nouvelle-France, les règles de l'esthétique favorisent la peau blanche, les cheveux longs, épais, ondoyants et blonds, les lèvres et les joues rouges, de même que les sourcils noirs. En plus de la beauté, la femme réussissait probablement à attirer l'attention sur elle et à ravir l'autre par des signes et des formes diverses comme une expression du visage, un battement de cils, un plissement des paupières, un mouvement du corps, une épaule dénudée, l'arôme d'un parfum, des frôlements anodins, etc.

Il s'agissait de ce «je-ne-sais-quoi» qui amenait un homme et une femme à se plaire, se charmer et s'attirer l'un l'autre. Ce «je-ne-sais-quoi» formait un code non écrit qui déterminait les rapports de séduction entre les deux sexes.

Grâce aux archives judiciaires, nous pouvons retrouver des traces de cette séduction pratiquée alors dans la vallée laurentienne. Dans des drames amoureux ou sexuels teintés de souffrance où la femme est la principale victime, il y a, enchâssés, des bonheurs espérés, attendus. Les archives décrivent forcément les malheurs arrivés; toutefois, ceux-ci s'inscrivent dans un horizon d'attente d'un bonheur fugitif et éphémère où les corps se donnent. Évidemment, l'acte de séduction n'est examiné ici que s'il devient abusif. Son analyse ne peut donc être qu'esquissée, mais son anormalité nous permet de percevoir ce qu'était la norme.

Les moyens de séduction

Dans les modalités des relations entre les hommes et les femmes, l'homme était le plus souvent celui que l'on considérait comme le séducteur. Il était l'«offenseur», celui qui trompait l'autre, celui qui faisait basculer la femme dans la mauvaise direction. Pour obtenir ce qu'il voulait, pour charmer celle qu'il désirait circonvenir, le séducteur utilisait de belles paroles. Voici par exemple le cas du forgeron Michel Lecours, âgé de trente ans. Au milieu des années 1750, il séduisit

Marie-Anne, fille mineure[1] de vingt ans, du forgeron Étienne Campeau. À la suite du décès de sa mère, Marie-Anne dut aller demeurer à Montréal chez son oncle et tuteur François où Lecours, un ami de son oncle chez qui il résidait lui aussi, abusa d'elle. Dans la plainte déposée par le père de Marie-Anne devant le tribunal de la juridiction royale de Montréal, on peut lire que le séducteur utilisa « toutes les ruses et artifices imaginables » pour triompher de la vertu de la jeune fille… « Tantôt tendre, soumis et respectueux, il lui jurait l'amour le plus pur et le plus sincère, tantôt pour ainsi dire violent et furieux, les menaces étaient les instruments de sa passion. » À d'autres occasions, il faisait de belles promesses telles « qu'il ne voulut point qu'il y eût de paradis pour lui, s'il ne l'épousait pas », ou encore il lui disait : « Puisque je te dois épouser, n'est-il pas permis de te baiser [t'embrasser] ? »

Et lorsque les mots manquaient, le langage corporel, les gestes accomplis par le séducteur étaient suffisamment éloquents pour convaincre la jeune fille de ses bonnes intentions. Il pouvait employer des pressions de mains, des petits pincements, des bousculades amicales, des batailles de boules de neige ou des baisers volés ou autres démonstrations d'amitié pour séduire. En juillet 1700, lors du procès du Trifluvien René Lefebvre accusé d'avoir abusé de Gabrielle Foucault, deux témoins affirmèrent avoir vu les deux jeunes gens « jouant, badinant et folâtrant ensemble »,

---

1 Contrairement à aujourd'hui, où la majorité légale est fixée à dix-huit ans, sous le Régime français, et jusqu'en 1782, on ne devenait majeur qu'à l'âge de vingt-cinq ans.

et lors de l'enquête au sujet de Michel Lecours accusé de rapt de séduction à Montréal en 1755, un témoin vint affirmer que «toutes les fois qu'il a été chez François Campeau, il y a trouvé Michel Lecours, il l'a vu rire et jouer avec ladite Campeau comme des jeunes gens».

On le constate par les deux exemples cités ci-dessus: chez le peuple, «faire la cour» ne se limitait pas uniquement à des visites de courtoisie et ne se situait pas sur un plan purement spirituel. Les garçons et les filles se témoignaient physiquement leur sympathie et exprimaient leur attirance l'un envers l'autre par des baisers et des caresses qui leur donnaient certainement un plaisir non négligeable. Prenons un autre cas, celui de Marie-Madeleine Maugras et Jean-Baptiste Dubord dit Latourelle, âgés respectivement de vingt et un et vingt-trois ans, résidants de Saint-François-du-Lac dans le gouvernement de Trois-Rivières en 1707. Selon les témoignages déposés au procès de Latourelle, accusé d'être le père de l'enfant que portait Marie-Madeleine Maugras, il est démontré que les deux jeunes gens se fréquentaient de façon régulière depuis plusieurs mois tant dans la maison du père de Madeleine qu'ailleurs dans les champs ou à la cabane à sucre. Selon Françoise Cartier, amie et voisine de Madeleine Maugras, ils avaient «beaucoup d'amitié» l'un pour l'autre. Elle a vu plusieurs fois Latourelle la «baiser [embrasser] et caresser». Elle raconta à la cour que Jean-Baptiste Dubord dit Latourelle était venu fréquemment voir Madeleine Maugras la nuit en cachette, sans que les parents de Madeleine le sachent, en passant par derrière les maisons et en sortant de chez elle avant que le soleil se lève. Il est même arrivé qu'une fois, raconta-t-elle au juge, alors que Madeleine était chez elle pour lui tenir compagnie et y passer la nuit, elle vit son amie mettre le lit de plumes « dans la place » où habituellement les deux femmes dormaient ensemble. Elles s'y endormirent toutes deux, mais à son réveil, Françoise Cartier constata que Dubord était couché dans le même lit qu'elles, au côté de Madeleine. Il lui dit alors de ne pas s'en faire, car « ladite Maugras était sage et qu'ils n'avaient point fait de mal ». Finalement, même si, lors de son interrogatoire, Jean-Baptiste Dubord dit Latourelle nia tout ce que les témoins avaient déposé contre lui, le 12 décembre 1707, il fut trouvé coupable en appel devant le Conseil supérieur de Québec « d'avoir abusé et engrossé ladite Marie-Madeleine Maugras sous promesses de mariage ». Il fut condamné à lui verser la somme de 200 livres. Celle-ci donna naissance à la fin de l'hiver 1708 à un garçon. Chose surprenante pour l'époque, alors que l'Église veillait à ce que l'on baptisât les nouveau-nés dans les deux ou trois jours suivant leur naissance, l'enfant ne sera baptisé qu'un an plus tard ou environ, le 27 janvier 1709, à l'église de Saint-François-du-Lac. On lui donnera le nom de François-Baptiste Maugras. Il n'est fait aucune mention du père dans le registre d'état civil. Par la suite, l'enfant fut placé en pension chez un menuisier de Trois-Rivières, François Reiche. En 1712, celui-ci réclamait à Marie-Madeleine le paiement de la pension de l'enfant. Marie-Madeleine fut marquée par cette naissance illégitime et ne se mariera que dix-huit ans plus tard, en janvier 1726, à l'âge de quarante et un ans, avec Julien Perreault Rochefort, un immigrant breton, de trois ans son aîné.

Les astuces du séducteur

D'autres séducteurs sont tellement convaincants que la belle est prête à tout faire pour leur plaire. C'est le cas de la jeune et naïve Anne Émond, âgée de seize ans, de la paroisse Saint-François de l'île d'Orléans. Elle ira jusqu'à se travestir en garçon pour plaire à son amant Joseph Gaulin. Au début de 1696, celui-ci, âgé de vingt ans, avait entendu dire que le gouverneur Frontenac préparait une expédition guerrière contre les Iroquois, et que tous les hommes en état de porter les armes et âgés de seize à soixante ans seraient appelés à y participer à titre de miliciens, avec les troupes régulières en poste dans la vallée laurentienne. Tous les miliciens devaient se rendre à l'île Perrot au début du mois de juillet.

Joseph ne voulait pas être mobilisé et, après avoir bien réfléchi, il trouva un intéressant stratagème pour y échapper. Il pensa que si la colonie était menacée par une attaque britannique, le gouverneur resterait à Québec pour défendre le pays et n'entreprendrait pas son expédition contre les Iroquois. Même si les Anglais n'avaient alors rien projeté contre la colonie, il se dit qu'il y avait peut-être là un moyen de faire croire au gouverneur qu'une invasion se préparait. Il suffisait d'imaginer une histoire suffisamment crédible et de trouver une personne capable d'aller la raconter au gouverneur. Mais qui serait assez brave ou assez naïf pour relater une histoire pareille à M. le comte de Frontenac ? Gaulin connaissait à l'île d'Orléans, dans la paroisse de Saint-François, une jeune fille qui lui était très attachée, Anne Émond, la sœur de René, un de ses amis. Il la savait naïve et prête à tout pour lui. N'avait-elle pas déjà cédé à ses avances, après qu'il lui eut promis le mariage ? Il la rencontra donc chez elle, alors que ses parents étaient partis à la messe un dimanche matin et qu'elle gardait ses plus jeunes frères et sœurs. Après lui avoir conté fleurette, Gaulin lui expliqua que, comme son frère René et plusieurs de ses amis, il avait été conscrit à titre de milicien pour aller combattre les Iroquois dans les Pays-d'en-Haut. Il lui décrivit avec emphase les dangers qu'il y avait de combattre les Iroquois. Il lui demanda alors si elle l'aimait et si elle tenait à son frère. Anne dont le cœur ne battait que pour son beau Joseph répondit naturellement de façon affirmative. Il lui déclara que si elle voulait le revoir, elle devait l'aider à ne pas partir afin qu'il n'aille pas se faire massacrer par les Iroquois. Il lui expliqua donc son plan : il lui proposa de se rendre à Québec annoncer au gouverneur Frontenac que les Anglais étaient sur le point de remonter le fleuve avec une flotte de plusieurs navires pour s'emparer de la capitale de la Nouvelle-France. Au début, Anne ne comprenait pas comment elle, une petite fille de seize ans, pourrait convaincre le gouverneur d'une telle fausseté. Mais par son charme et ses belles paroles, Gaulin réussit à la persuader qu'en se faisant passer pour un prisonnier évadé de la ville de Boston où il avait été détenu, elle avait une bonne histoire et qu'elle était assez éloquente pour persuader le gouverneur de la véracité de son histoire. D'autant plus, ajoutait-il, qu'en agissant comme il le lui demandait, elle permettrait aussi à son frère René de ne pas combattre les Iroquois. Il lui indiqua comment procéder: «Le même jour que les miliciens partiront de l'île pour se rendre au lieu de rassemblement des troupes, lui dit-il, tu t'habilleras en garçon en revêtant les hardes de ton frère René que tu prendras dans son coffre. Déguisée en homme, tu te rendras à Québec. Là, tu déclareras qu'avant de t'évader de la prison de Boston où tu étais détenue, tu as vu 34 navires ancrés dans le port qui s'apprêtaient à partir pour venir attaquer la ville de Québec. Pendant 4 jours, ajouteras-tu, tu as vu les Anglais y embarquer de la poudre. Tu lui diras que tu as su que 11 000 hommes se préparaient à Boston à monter à bord des vaisseaux. Tu termineras ton récit en ajoutant que, alors que tu passais devant Rivière-du-Loup, tu as vu à Tadoussac quatre bateaux anglais.» Gaulin assura Anne que si elle se rendait relater cette nouvelle au gouverneur, celui-ci ne partirait pas en expédition contre les Iroquois et qu'il resterait à Québec pour défendre la capitale. Ainsi, conclut-il, «tu pourras jouir de ma présence comme tu le voudras puisque la conscription aura été annulée par le gouverneur».

Anne hésita longtemps avant d'accepter. Toutefois, encouragée par son frère René et quelques autres jeunes gens de l'île qu'elle connaissait bien, elle se convainquit que son action servirait non seulement à son amant, mais aussi à beaucoup d'autres qui, ainsi, ne partiraient pas pour la guerre. Elle se résolut donc à exécuter ce que Joseph Gaulin lui avait demandé.

Au début du mois de juin 1696, alors que ses parents étaient aux champs et après que les miliciens eurent quitté l'île pour se rendre au lieu de rassemblement des troupes, elle ouvrit le coffre de son frère René, y prit un capot, une culotte, des bas, des souliers, un chapeau et une chemise d'homme et les revêtit. Ainsi travestie en homme, elle se rendit à pied au bout de l'île d'Orléans.

À cet endroit, elle trouva un canotier de la paroisse Saint-Pierre, Jean Bouchard dit Dorval, qui accepta de la conduire à Québec. Elle prit place dans le canot et, pendant le trajet, elle lui relata l'histoire que Gaulin lui avait dit de raconter. Elle l'assura que les Anglais préparaient une attaque sur Québec. Il était donc important qu'elle voie le gouverneur, le comte de Frontenac, d'autant plus, lui disait-elle, qu'elle avait aussi d'importantes dépêches à lui remettre de la part de M. de Saint-Castin, qu'elle avait rencontré sur son chemin en Acadie.

Dès son arrivée dans la capitale, Bouchard dit Dorval la conduisit aux portes du château où il la présenta aux gardes. Elle leur fit brièvement le récit de son histoire. Pour sa part, le canotier, après l'avoir laissée entre les mains des gardes du château, se rendit rapidement à la basse-ville où il répandit la nouvelle, si bien que rapidement toute la ville fut en émoi. Entre temps, les gardes amenèrent Anne à l'office pour lui faire manger un morceau. Comme les vêtements d'homme qu'elle portait étaient un peu trop grands pour elle, on découvrit assez vite qu'elle était une jeune femme. On la conduisit alors devant le gouverneur en face de qui elle nia être une femme et que c'était lui faire un grand affront de l'affirmer. Le gouverneur fit venir à ce moment le major de la ville et M. de Monseignat afin qu'ils l'examinent. Ils confirmèrent qu'elle était bien de sexe féminin. On l'arrêta alors et on procéda à son interrogatoire. Devant l'invraisemblance de son récit, on la confia à l'intendant Bochart de Champigny, responsable de la justice en Nouvelle-France, pour qu'il l'interroge de nouveau et lui fasse son procès. Dans un premier temps, il la fit comparaître devant lui et quelques conseillers du Conseil souverain. Mais incapable de poursuivre l'« information », étant obligé « pour le service de Sa Majesté » de se rendre à Montréal, il chargea son subdélégué et juge à la prévôté de Québec, René-Louis Chartier de Lotbinière, de continuer l'enquête et le procès. Accusée d'avoir « apporté les fausses nouvelles qui courent en cette ville [Québec] de la venue des Anglais et autres circonstances qui sont contre les intérêts du Roi et ceux de la colonie », on l'enferma dans les prisons royales jusqu'à la tenue de son procès. Le 16 juin 1696, après avoir comparu devant le juge de la prévôté de Québec, avoir été interrogée et que plusieurs témoins dont le canotier Bouchard dit Dorval et René, son frère, eurent été entendus, Anne Émond fut condamnée

> à être conduite par l'exécuteur de la haute justice [Jean Rattier] par toutes les rues de la ville, et être battue et fustigée, les épaules nues, de verges par le dit exécuteur dans les carrefours et lieux accoutumés de la ville, pour ensuite être remise en prison où ses parents viendront la recevoir pour être par eux conduite en l'île d'Orléans, lieu

> de leur demeure, où ils veilleront à sa conduite mieux qu'ils ne l'ont fait par le passé à peine d'en répondre.

Elle dut aussi payer 25 livres d'amende. Quant aux vêtements d'homme qu'elle avait revêtus, ils furent vendus à l'encan, et l'argent recueilli fut versé aux pauvres de l'Hôpital général de Québec. Deux jours plus tard, le 18 juin, les deux mains liées derrière le dos, la jeune Émond était sortie des prisons puis attachée à l'arrière d'une charrette et conduite par le bourreau à chacun des carrefours de la ville de Québec. Là, après l'avoir ligotée à une des roues de la charrette, le maître des hautes œuvres prit dans ses mains une poignée de verges de bouleau et lui donna sur les épaules cinq ou six coups. Il recommença ce geste à chacun des trois carrefours habituels de la capitale. Ses parents la ramenèrent par la suite chez eux à l'île d'Orléans. Mais ils eurent de la difficulté, semble-t-il, à veiller sur sa conduite comme le tribunal le leur avait ordonné, car, en juin 1704, Anne donnait naissance à un fils illégitime que le prêtre de la paroisse de Saint-François, île d'Orléans, baptisa le 19 juin du prénom de Charles. Finalement, le 20 avril 1706, à l'âge de vingt-six ans, elle épousait celui qui, peut-être, lui avait fait l'enfant deux ans plus tôt, le soldat des troupes de la marine François Bretonnet Montargis, âgé de trente-huit ans, après que celui-ci eut obtenu du gouverneur Rigaud de Vaudreuil la permission de la marier. Le couple ira s'établir à Québec où, le 30 septembre 1710, sera baptisé un autre enfant, Marie-Madeleine.

Quant à son amant, Joseph Gaulin, qui l'avait convaincue de se travestir et de se rendre à Québec raconter son histoire, nous ignorons ce qu'il advint de lui. A-t-il cessé de la voir à la suite de son aventure ou a-t-il continué à la fréquenter ? Nous savons seulement, si nous nous fions au recensement de la ville de Québec de 1716, qu'il devint navigateur et épousa en France, avant 1711, une jeune fille de six ans sa cadette du nom de Marie Cartier, qu'il ramena avec lui dans la colonie. Il ne vivra pas très longtemps, puisque sa veuve se remaria à Québec avec un veuf du nom de Jean Larchevêque, le 24 avril 1718.

La jeune fille naïve et mineure était ainsi l'objet du désir coupable du séducteur qui, quelquefois, pour la convaincre de céder à ses avances lui offrait des petits cadeaux : un mouchoir, des rubans, un foulard, un modeste bijou. Ces dons étaient souvent considérés par la femme comme des preuves de l'engagement du séducteur à l'épouser. C'est ce qui se produisit en 1725 à Québec quand la servante Marie-Geneviève Gaudreau reçut en cadeau une croix et un anneau en argent d'un dénommé Blezeau, domestique comme elle chez le receveur du Domaine d'Occident, le sieur Étienne Cugnet. La jeune servante considéra ces présents comme des « gages » du désir de Blezeau de l'épouser. De plus, déclara-t-elle au juge de la prévôté de Québec, Pierre André Deleigne, il ne cessait de la poursuivre à travers la maison pendant l'absence de leurs maîtres. Elle avait beau le frapper avec son manche à balai, il revenait continuellement à la charge. Elle céda finalement à ses avances et devint enceinte de ses œuvres, mais ne lui avait-il pas donné des preuves qu'il voulait la marier ? demanda-t-elle au juge devant qui elle comparut.

L'expérience sexuelle des jeunes gens

Ces jeunes femmes qui devenaient enceintes avant le mariage, quelles expériences sexuelles pouvaient-elles avoir avant cette « aventure » amoureuse ? Dans les petites maisons de bois de six mètres sur huit ou dix mètres où elles ont été élevées, la promiscuité était la règle. Toute la famille travaillait, mangeait et dormait ensemble, généralement dans une pièce ou deux. Malgré les exhortations de l'Église demandant aux pères et mères de ne pas coucher leurs enfants avec eux et de faire dormir dans des lits séparés les garçons et les filles, il arrivait fréquemment que les parents, les enfants, les domestiques, les engagés et les soldats possédant un billet de logement chez l'habitant couchaient à deux ou trois sur la même paillasse. Les autorités religieuses s'inquiétaient des occasions de rencontre homosexuelle ou d'initiations érotiques précoces que ces habitudes pouvaient susciter.

Dans de telles conditions, l'intimité sexuelle était presque impossible, que ce soit pour les parents ou pour les jeunes mariés à qui il arrivait dans leurs premières années de vie conjugale de vivre sous le toit parental. Les enfants de la maisonnée grandissaient en entendant et même quelquefois en voyant les adultes faire l'amour. Dans ce contexte, l'âge auquel les enfants perdaient leur innocence pouvait être assez précoce, soit treize ou quatorze ans, voire neuf ou dix ans parfois.

Cette habitude de dormir plusieurs personnes ensemble dans la même pièce et souvent dans le même lit était une coutume bien répandue dans la colonie. En février 1750, un habitant de Sainte-Anne de la Grande-Anse, le célibataire Jean Bouchard, accusé par la justice d'avoir abusé de sa servante, Marie-Suzanne Boucher, mineure de vingt-deux ans, déclara à son procès qu'il était « étroitement logé, n'ayant qu'une chambre et une cuisine ». C'est pourquoi, ajouta-t-il, « il couchait dans la même chambre que Marie-Suzanne Boucher mais dans un lit séparé », celle-ci dormant dans le même lit que son autre servante, Catherine Ouellet. Cependant, l'intendant Bigot ne le crut pas. Il fut considéré comme le père de l'enfant dont Marie-Suzanne accoucha le 21 février 1750. Bigot le condamna à prendre soin de l'enfant jusqu'à ce qu'il soit en âge de gagner sa vie. En plus, il dut verser 50 livres de dommages et intérêts à la victime. Quatre ans plus tard, celle-ci épousera le 25 février 1754, à Cap-Saint-Ignace, Jean-François Fournier.

Les dangers de la rencontre sexuelle pour la femme

Dans toute rencontre sexuelle, les femmes célibataires couraient un double danger : la grossesse illégitime, c'est-à-dire le « fatal embonpoint » qui jetait le déshonneur sur elles et leur famille, et la pauvreté, ce qui signifiait pour plusieurs le danger de glisser vers la mendicité et la prostitution avec tout ce qui s'ensuivait. C'est ainsi que ces femmes étaient souvent réduites à abandonner leur enfant, n'ayant pas les moyens de les nourrir.

C'est ce que fera Marie-Thérèse Query Frappedabord. Délaissée par le père de son enfant naturel, Michel Chauvin, qui s'enfuit « dans le Mississippi pays des Illinois », elle était selon Michel Lepallieur, le substitut du procureur du roi de la juridiction royale de Montréal, « dans une extrême pauvreté, réduite à mendier son pain ». En septembre 1730, elle dut abandonner son fils illégitime, Simon, agé d'un an et demi et qualifié d'« enfant trouvé » dans l'acte d'engagement de sa nourrice. À titre de responsable des enfants trouvés, Michel Lepallieur remit Simon entre les mains de Louise Lesieur, la mère de Marie-Thérèse Query Frappedabord, domiciliée rue Notre-Dame à Montréal. Elle devint la nourrice de son petit-fils Simon. La grand-mère le prit et promit « d'[en] avoir soin, [de] le nourrir et l'entretenir tant en santé qu'en maladie, l'élever et l'instruire selon la religion catholique apostolique et romaine, l'envoyer au service divin et catéchisme, lui faire faire sa première communion ». Elle s'obligea également « à lui apprendre à gagner sa vie honnêtement, à le traiter humainement comme il appartient et du mieux qu'il lui sera possible jusqu'à [...] l'âge de dix-huit ans ». En retour, elle reçut la somme de 170 livres. Quant à Simon, il devait la servir et lui obéir. De plus, il ne pouvait la quitter, étant à son service jusqu'à dix-huit ans. Un an plus tard, le 28 août 1731, sa mère, Marie-Thérèse, se mariait à Montréal avec Pierre Dubois, un immigrant originaire de la région de Bordeaux, arrivé dans la colonie comme recrue depuis déjà une dizaine d'années et de qui elle attendait un enfant. Celui-ci naîtra deux mois plus tard, le 31 octobre 1731. De son union avec Dubois, Marie-Thérèse aura quatre autres enfants. Vers la fin de sa vie, le Bordelais étant mort, Marie-Thérèse se remariera le 3 juin 1776 à Montréal, à l'âge de soixante-cinq ans, avec Gilles Gibeau Poitevin, un vieillard de soixante-dix ans. Ce mariage ne durera que trois ans, Marie-Thérèse décédant le 9 avril 1779. Elle fut inhumée deux jours plus tard dans le cimetière des pauvres de la paroisse Notre-Dame. Jamais, durant toute sa vie, elle ne réussira à quitter cet état de pauvreté qui fut le sien. Triste destin d'une femme marquée dès sa jeunesse par la marginalité de son état de fille-mère.

Les conséquences d'une relation sexuelle hors mariage étaient désastreuses pour ces jeunes femmes, alors que cela n'entachait aucunement l'honneur des hommes. Un « double standard » permettait aux hommes d'expérimenter les plaisirs de l'amour physique avant le mariage, alors que les femmes devaient veiller à conserver leur virginité jusqu'au mariage.

Les poursuites en justice dans les affaires de rapt de séduction

Pour atténuer ce déshonneur qui pesait sur elles, lorsqu'une grossesse hors mariage s'annonçait, plusieurs jeunes femmes poursuivaient en justice les amants qui refusaient de respecter leur engagement. En s'adressant ainsi à la cour, elles voulaient démontrer publiquement, à la face de toute la société, qu'elles n'avaient cédé aux avances de leurs prétendants que parce que ceux-ci leur avaient promis le mariage. Aux yeux de la société, la parole donnée par le séducteur diminuait la gravité de la faute sexuelle commise par ces filles. Elle constituait pour elles des circonstances atténuantes devant la justice. De plus, les jeunes femmes séduites voulaient ainsi prouver qu'elles n'étaient pas des filles faciles dont on pouvait aisément avoir les faveurs. Habituellement, elles obtenaient la défense des autorités judiciaires et leur réhabilitation sociale, si bien que, si elles n'épousaient pas leur amant à la fin des procédures, la plupart se mariaient avec quelqu'un de leur groupe social dans l'année suivant la naissance de l'enfant.

D'ailleurs, une femme qui devenait enceinte à la suite de rapports préconjugaux n'avait pas à craindre l'opprobre social si elle se mariait avant la naissance de l'enfant. Par contre, celle dont l'amant s'éclipsait avant les noces se retrouvait souvent ostracisée par sa communauté. C'est pour éviter cette marginalisation qu'une cinquantaine de jeunes filles se sont ainsi pré-

La dénonciation (huile sur canevas) par Collet, John (c.1725-80)
© Osterley Park, Middlesex, UK/The Stapleton Collection/
The Bridgeman Art Library
Nationality/copyright status: English/out of copyright

sentées devant la justice dans la vallée laurentienne aux XVIIe et XVIIIe siècles. Habituellement, il s'agissait de femmes dont les pères étaient décédés ou de domestiques qui avaient consenti à se laisser « connaître charnellement » après des promesses de mariage qui s'avéreront plus tard fallacieuses. Lorsque approchait une naissance, le séducteur revenait sur sa parole. Pour se justifier, il affirmait que la plaignante était une fille facile, indigne d'être son épouse.

Ces hommes étaient accusés de « rapt de séduction » pour avoir ainsi déshonoré des jeunes filles crédules à qui ils avaient promis le mariage et qu'ils avaient ensuite abandonnées. Généralement traduits en justice et trouvés coupables de les avoir « connu[es] charnellement sous de fausses promesses de mariage », les séducteurs étaient condamnés à payer les coûts de l'accouchement, à verser une somme d'argent pour subvenir aux premiers besoins de la mère et de l'enfant, à dédommager la fille. De plus, la justice les obligeait à prendre l'enfant à leur charge, « le nourrir, [l']entretenir et [l']élever dans la religion catholique romaine et en la crainte de Dieu » jusqu'à ce qu'il soit en âge de gagner sa vie, et aussi à lui apprendre un métier. La somme versée à la fille-mère pouvait servir à majorer sa dot et lui permettre ainsi d'avoir plus de chances de faire un bon mariage par la suite, elle qui, maintenant, se trouvait en état d'infériorité par rapport aux autres femmes célibataires. Si les séducteurs n'étaient pas mariés, au lieu de se plier à cette sentence et de débourser des sommes d'argent importantes, ils pouvaient choisir d'épouser leur maîtresse, même si certains n'éprouvaient pour elle aucune « amitié ». Les deux tiers d'entre eux le firent avant ou après la naissance de l'enfant, selon l'historienne Marie-Aimée Cliche qui a étudié ce sujet.

Mais ce ne sont pas tous les amants ayant refusé de reconnaître la véracité de leurs promesses de mariage qui ont été amenés devant les tribunaux. Quelques-uns réussiront à s'en tirer sans trop de conséquences. Toutefois, certains d'entre eux, pris de remords sur leur lit de mort, vont avouer leur faute. Ils essayeront alors de réparer le mal qu'ils ont fait. C'est l'histoire de René Frérot, un lieutenant d'une compagnie des troupes de la marine et aide-major de la ville de Québec. Le 31 janvier 1721, « gisant au lit malade » dans une petite chambre de l'Hôtel-Dieu de Québec, il dicta au notaire Barbel son testament dans lequel il léguait à Marie-Renée Frérot, « sa fille naturelle provenue [née] d'Angélique St Michel », une rente annuelle de 150 livres.

De fougueux séducteurs : les militaires

Parmi tous les galants qui firent la cour aux Canadiennes, les plus fougueux furent les militaires. Selon les autorités coloniales, les troupes de la marine arrivées en 1683 dans la colonie étaient peu aptes à faire la guerre à travers les bois et les rivières du Canada. Il a donc fallu les occuper ailleurs afin qu'elles ne soient pas totalement inactives. On a placé quelques compagnies dans les villes pour monter la garde et aider les archers de la maréchaussée à maintenir l'ordre. Toutefois, la grande majorité des militaires auraient été totalement oisifs, si on ne les avait pas encouragés à travailler chez l'habitant.

C'est ainsi que s'est posé le problème des amours militaires en Nouvelle-France. En contact continuel avec la population civile, les militaires, qui avaient la réputation d'être de beaux parleurs et de flirter (on disait à l'époque « fleureter ») avec les jolies Canadiennes, ont pu exercer leur charme sur elles. Plusieurs parmi ces dernières ont été séduites, attirées par les uniformes rutilants. Mais ce n'est qu'après que les officiers et les soldats leur eurent promis le mariage qu'elles acceptaient de se laisser « connaître ». Comme le notait le marquis de Montcalm à la fin des années 1750, les hommes avaient le droit de se montrer entreprenants; en revanche, les femmes gardaient celui de se reprendre au moment où leurs admirateurs y songeaient le moins. Bref, les militaires avaient « la permission de tout dire, mais non de tout faire », car, écrivait le lieutenant général des armées françaises en Nouvelle-France, « les Canadiennes ne vont pas jusqu'au bout de la bagatelle ». Elles aimaient beaucoup « badiner avec l'amour », et si les sentiments devenaient plus profonds, le mariage devait être promis pour qu'elles cèdent. Toutefois, pour les épouser, les officiers comme les soldats devaient avoir obtenu la permission du gouverneur dans le cas des premiers, et de leur capitaine en ce qui concerne les seconds. Entre 1686 et 1689, gouverneur et capitaines ne semblaient pas faire trop de difficultés à donner leur accord, puisque, selon l'historienne Louise Dechêne, il y aurait eu à Montréal durant cette période environ cinq mariages de soldats par année. Cependant, il n'y en aura pratiquement aucun par la suite, et cela jusqu'à la fin de la guerre de la ligue d'Augsbourg en 1697, puis, entre 1697 et 1699, quarante-quatre contracteront mariage. Les autorités coloniales avancèrent diverses raisons pour tarder à autoriser ces mariages, comme le manque de nouvelles recrues pour remplacer les soldats qui voulaient s'établir au pays. En outre, pour les militaires, fils de marchands et de nobles, une mésalliance était le prétexte pour ne pas donner suite à la demande. Peut-être espérait-on que la flamme du jeune militaire pour son amante passerait ?

Toutefois, certains amoureux n'en pouvaient plus d'attendre. À Montréal, en 1712 ou 1713, le caporal Antoine Boyer dit Lafrance, originaire de l'île de Ré, arrivé dans la colonie en 1711, aurait bien voulu épouser la veuve Catherine Gladu dit La Poitevine, mais son capitaine et le gouverneur Philippe de Rigaud de Vaudreuil refusaient de lui donner l'autorisation de la marier. Ils devaient sans doute considérer que la veuve Gladu n'était pas assez honorable pour épouser un militaire. De fait, huit ans auparavant, alors qu'elle demeurait à Montréal, elle avait quitté son mari parce qu'il la maltraitait, déclara-t-elle au juge, pour aller vivre à Québec avec un nommé Boivin qui l'avait « corrompue et séduite », affirma-t-elle. Elle habita deux mois avec lui dans la capitale de la Nouvelle-France avant d'être arrêtée pour avoir commis de petits larcins en sa compagnie. Reconnue coupable de complicité de vol, elle fut condamnée par l'intendant à être mise sur le cheval de bois. Elle fut donc amenée sur la place publique, et placée par le bourreau sur une pièce de bois en forme de dos d'âne ayant un angle très pointu et reposant sur quatre pieds. L'exécuteur de la haute justice y « achevala » Catherine Gladu, puis il attacha à ses bras et à ses pieds des poids dont la pesanteur fit en sorte qu'elle se retrouva dans une complète immobilité, exposée aux injures et quolibets des passants.

Les fredaines de Catherine importaient peu à Antoine, semble-t-il, qui aurait bien voulu normaliser sa situation, surtout depuis qu'il habitait avec elle et cultivait une terre située non loin de Montréal, près de la montagne, et appartenant à M. de Varennes. Il connaissait Catherine depuis un certain temps déjà, et dès le décès, à la fin du mois de juin 1712, de Jean-Baptiste Beaupoil, le deuxième mari de la veuve, il s'était mis à la fréquenter assidûment. En 1715, il en avait assez d'implorer son capitaine et le gouverneur. Il n'en pouvait plus d'attendre une autorisation qui ne venait pas. Depuis dix-huit mois, il vivait avec elle « comme s'ils étaient mariés » dans une cabane dans les bois, sur la terre de M. de Varennes. Le 30 octobre 1715, il décida de se passer de la permission des autorités militaires et de se rendre tôt le matin avec sa veuve, à la messe de cinq heures à l'église Notre-Dame de Montréal. Là, les deux amants quittèrent leur banc et allèrent s'agenouiller à la balustrade. Au moment de l'élévation de l'hostie, ils se levèrent, et Antoine déclara à haute voix : « Messieurs, je vous prends à témoin que je prends Catherine pour épouse. » Il fut aussitôt interrompu par le bedeau qui leur demanda de se taire. Catherine tenta à son tour de parler, mais à chaque fois le sacristain l'arrêta. Ils quittèrent alors la balustrade pour aller s'agenouiller au milieu de l'église. Alors, le bedeau, après avoir parlé à M. de Belmont qui officiait à ce moment, alla vers eux et leur murmura quelques mots qui les incitèrent à sortir de l'église.

Ce genre d'union clandestine s'appelait mariage « à la gaumine » du nom d'un conseiller d'État français, Gilbert Gaulmin (1585-1665), qui fut le premier à se marier ainsi au début du XVIIe siècle en France.

Toutefois, devant la prolifération de ce type d'union, le roi jugea bon en 1639 de reprendre l'ordonnance royale de Blois de 1579 qui stipulait que, pour être valable, le mariage devait être célébré devant le curé de la paroisse. En plus, il était mentionné que, pour que l'union soit valide, le prêtre devait y jouer un rôle actif en tant que ministre du sacrement, étant chargé non seulement de «recevoir le consentement des époux», mais aussi de les «conjoindre», c'est-à-dire de les unir.

Peu de temps après leur sortie de l'église Notre-Dame, les deux concubins furent arrêtés, mis en prison et traduits en justice sous les accusations de s'être mariés «à la gaumine» et de mener une vie scandaleuse. Cependant, à la suite de la déposition à leur procès d'un témoin affirmant qu'ils ne causaient aucun mal puisqu'ils vivaient dans un lieu retiré, loin de la population, les autorités les libérèrent. Le mois suivant, le caporal obtint la permission d'épouser sa veuve. Le couple s'unit officiellement le 1er décembre 1715 dans l'église Notre-Dame de Montréal.

Ces refus des autorités militaires d'accorder à leurs soldats les autorisations de se marier entraînèrent parmi la jeunesse canadienne un libertinage et un désordre qui scandalisèrent l'évêque de Québec, Mgr de Saint-Vallier. Dès 1693, celui-ci déplora particulièrement la conduite des militaires qui, sous prétexte de rechercher des filles en mariage, se comportaient d'une manière très licencieuse avec elles. Celles-ci se laissaient souvent abuser dans l'espoir de les épouser plus tard. Elles étaient persuadées, affirmait Mgr de Saint-Vallier, que «les fautes et les accidents qui leur peuvent arriver, seront autant de motifs pour convaincre leurs parents aussi bien que les autorités militaires de leur accorder la permission de se marier».

Mandement contre le libertinage des militaires, 7 mars 1693

[...] Ayant remarqué que plusieurs jeunes gens, et particulièrement les gens de guerre, sous prétexte de rechercher des filles en mariage, se comportent d'une manière fort licencieuse avec les dites filles, qui se laissent souvent abuser, sous l'espérance de les épouser, dans la persuasion qu'elles ont que les fautes et les accidents qui leur peuvent arriver en ce sujet, seront autant de motifs à leurs parents de poursuivre leurs dits mariages aussi bien qu'aux personnes de qui dépendent les gens de guerre, de leur en accorder sans peine la permission; ce qui ne contribue pas peu à entretenir le libertinage et le désordre parmi la jeunesse, au grand scandale du public. Nous, pour arrêter le cours d'un si grand mal, défendons très expressément aux curés et autres faisant les fonctions curiales dans notre diocèse de marier les personnes ci-dessus, à moins qu'ils n'en aient reçu une permission signée de nous, laquelle nous déclarons que nous n'accorderons qu'à ceux que nous saurons n'avoir causé aucun désordre ni scandale avec les filles qu'ils voudraient épouser et s'être comportés chrétiennement dans la recherche de leurs mariages. Et à ce que personne n'en prétende cause d'ignorance, nous enjoignons aux curés et autres faisant les fonctions curiales, dès qu'ils auront reçu notre présent mandement, de le publier aux prônes de leurs messes paroissiales.

(Extrait du mandement de Mgr de Saint-Vallier, 7 mars 1693, Têtu, Gagnon, *Mandements, lettres pastorales et circulaires des Évêques du Québec*, 1887, vol. I, p. 300.)

Alors, en 1721, constatant qu'il ne pouvait empêcher les militaires de séduire les Canadiennes, Mgr de Saint-Vallier encouragea ses prêtres à unir les soldats qui se présenteront devant eux, même sans la permission de leur capitaine, afin de préserver la morale et de limiter les bâtards. Il suivait en cela les enseignements de saint Paul. Celui-ci a écrit qu'« il vaut mieux se marier que brûler [dans les enfers] ». C'est ainsi qu'un curé qui se faisait reprocher par un officier d'avoir béni le mariage d'un de ses soldats sans avoir obtenu son consentement officiel lui répondit : « Comment leur refuser la bénédiction ? Je les ai mariés le matin et, dans l'après-midi, j'ai baptisé l'enfant. » En réalité, des études menées dans la région de Montréal à la fin du XVIIe siècle et dans celle de Québec au milieu du siècle suivant permettent d'affirmer qu'environ 10 % des couples formés d'un militaire et d'une Canadienne ont « fêté Pâques avant les Rameaux », c'est-à-dire ont eu des rapports sexuels avant le mariage, le premier enfant naissant peu de temps après la bénédiction nuptiale ou étant déjà né au moment de la célébration religieuse. C'est le cas, par exemple, à Varennes de Marie-Angélique Barabé. Le 7 octobre 1757, elle donna naissance à un garçon baptisé Jacques qu'elle déclara alors être « de père inconnu ». Toutefois, quatre mois plus tard, le 6 février 1758, elle épousait son séducteur, le soldat Antoine-François Baillon dit Lacouture du régiment de Béarn. Durant la cérémonie nuptiale, les conjoints reconnurent comme leur enfant légitime « Jacques Baillon présent au mariage et mis sous le voile ».

Les témoignages de liberté au mariage

Cependant, il arrivait que l'Église et non les autorités militaires refuse à certains militaires la permission de se marier. Pour obtenir l'autorisation de l'Église, tout nouveau venu débarquant dans la colonie devait démontrer par des « preuves certaines » qu'il était libre de toutes attaches matrimoniales. Les curés avaient le devoir de s'assurer que l'immigrant n'avait pas abandonné une femme et des enfants dans un autre pays. Les autorités religieuses lui demandaient donc de leur présenter un certificat de « liberté au mariage » ou que des témoins résidant en Nouvelle-France et l'ayant connu dans son pays d'origine attestent sa liberté. Dans une ordonnance de février 1691, Mgr de Saint-Vallier exigeait spécifiquement de ses curés que les « personnes venues de France qui demandent à se marier en Canada [...] ne soient point reçues au sacrement de mariage [à moins] qu'elles ne produisent des certificats légalisés et en forme, venus de France, ou autres témoignages assurés, approuvés de nous ou de nos grands vicaires, qu'ils ne sont point actuellement mariés ».

Le premier baiser de l'amour, illustration pour *La Nouvelle Héloise* de Jean-Jacques Rousseau (1712-1778) (gravure) (photo n/b) par Monsiau, Nicolas Andre (1754-1837)

Témoignages de liberté au mariage pour Joseph Collar, 11 août 1757

Joseph Collar natif d'Honfleur, évêché de Lisieux, âgé de 21 ans, depuis dix [ans] en Canada, demeurant chez Jean L'Espagnol depuis 7 [ans] produit pour témoins de sa liberté le dit Espagnol dont il veut épouser la fille et les nommés Rigolet et monsieur Parent dont il dit être connu depuis 7 ans.

Le 11 août 1757 est comparu devant nous Étienne Rigolet, natif de Saint-Malo, âgé de 24 ans, depuis neuf ans en ce pays, lequel après nous avoir promis de nous dire la vérité nous a assuré connaître le dit Collar depuis 7 ans ayant fait ensemble un voyage au Nord en ce temps-là. Le dit Collar étant alors fort jeune et très petit, il affirme qu'il ne pouvait être marié en France. Et lecture faite a déclaré le tout véritable et ne savoir signer.

Briand, Prêtre secrétaire.

Les dits jour et an que dessus est comparu devant nous Joseph Parent, natif de Québec, lequel après nous avoir promis de nous dire la vérité nous a assuré connaître le dit Collar depuis 4 à 5 ans, l'ayant vu faisant la marmite de l'équipage dans un voyage au Montréal, déclarant n'en savoir davantage. Et lecture faite a déclaré le tout véritable et a signé avec nous le jour et an que dessus.

Joseph Parrant
Briand, Prêtre secrétaire.

Les dits jour et an que dessus est comparu Jean L'Espagnol demeurant à Québec lequel a affirmé par serment que le dit Collar n'est point marié 1- parce qu'il le retire chez soi depuis plus de sept ans. 2- parce qu'il était très jeune et petit quand il est venu chez soi. Et a déclaré ne savoir signer.

Briand, Prêtre secrétaire.

Admis

(« Témoignages de liberté au mariage » dans *Rapport de l'archiviste de la Province de Québec, 1951-1952 et 1952-1953*, p. 15)

Le mariage de Louis de Monteleon et Marie-Anne Josèphe L'Estringant de Saint-Martin

À propos de cette liberté au mariage que les immigrants doivent démontrer s'ils veulent se marier dans la colonie, mentionnons le cas d'un officier des troupes de la marine en garnison à Québec, Louis de Monteleon, fils de Paul, « écuyer, bouteiller du roi de la ville de Paris ». Arrivé à Québec à l'automne 1710, Monteleon se mit rapidement à fréquenter l'élite de la capitale. C'est ainsi qu'il connut Marie-Anne Josèphe L'Estringant de Saint-Martin, la fille de l'officier militaire Alexandre-Joseph, de la paroisse de Beauport, et belle-fille du seigneur de Beauport, Nicolas Juchereau de Saint-Denis. Par ses liens parentaux avec le seigneur de Beauport, cette jeune et belle fille de seize ans constituait un parti très intéressant. L'officier de trente ans s'en éprit rapidement et voulut l'épouser. Au début de l'hiver 1711, le 5 janvier, Monteleon, ayant obtenu l'approbation des parents de Marie Anne, s'adressa au grand vicaire, Charles de Glandelet, pour obtenir l'autorisation de se marier et faire publier les bans. Mais l'ecclésiastique ne put accéder à sa requête, car l'officier militaire était dans l'impossibilité de produire un certificat ou des témoignages attestant qu'il était libre de tous liens matrimoniaux. Le grand vicaire ajouta que, selon plusieurs personnes témoins de sa conduite depuis son arrivée dans la colonie, Monteleon aurait « dit et fait plusieurs choses [...] qui peuvent raisonnablement faire douter s'il n'a point contracté quelque engagement à cet égard dans les divers voyages qu'il a fait de côté et d'autre ».

Cependant, ce refus n'arrêta pas les deux amants bien décidés à s'unir. Deux jours plus tard, le 7 janvier 1711, à titre de notables de la paroisse de Beauport, ils étaient invités avec les parents de Marie-Anne, à assister au mariage de Simon Touchet et Geneviève Gagnier, deux censitaires du seigneur de Beauport, Nicolas Juchereau de Saint-Denis. Louis et Marie-Anne décidèrent alors de profiter de cette cérémonie pour s'unir eux aussi devant Dieu. Ainsi, pendant la messe qui suivit le mariage, peu de temps avant la récitation du *Pater,* Louis de Monteleon se leva. S'adressant alors au curé Étienne Boullard en train de dire la messe et à l'assistance, il affirma à haute voix sa bonne conduite et son bon droit de marier la demoiselle L'Estringant de Saint-Martin. Puis, avec pour témoins les personnes présentes, il déclara à haute voix la prendre pour épouse. À son tour, Marie-Anne Josèphe L'Estringant de Saint-Martin, qui se tenait debout au côté de son amant, exprima clairement son consentement à le marier et le prit pour époux. L'abbé Boullard se détourna sur-le-champ de l'autel et protesta énergiquement qu'il « n'avait nulle part à cette chose très criminelle ». Il demanda même aux gens présents de sortir de l'église, car, leur dit-il, « on ne pouvait assister comme témoins » à un mariage pareil qui se fait « contre les règles de l'Église et sans publication d'aucun ban ». Mais aucun fidèle ne lui obéit. Enfin, au moment de la dernière bénédiction de la messe de mariage des époux Touchet et Gagnier, le curé déclara qu'une union contractée de cette manière était « un attentat contre l'autorité de l'Église et quelques autres choses pour donner de l'horreur aux assistants d'un tel crime ».

Après la célébration, Monteleon et sa belle-mère, Mme de Saint-Martin, poussèrent l'affront jusqu'à se rendre au presbytère pour signer l'acte de mariage des nouveaux mariés. Ils furent accueillis par un curé Boullard furieux qui les admonesta de nouveau. Celui-ci leur dit qu'un mariage comme celui de Monteleon ne pouvait qu'attirer la malédiction de Dieu sur lui et sa conjointe. Il rédigea ensuite son procès-verbal qu'il fit parvenir au grand vicaire Glandelet afin que les deux coupables de ce mariage à la gaumine soient traduits devant le tribunal ecclésiastique de l'Officialité. Toutefois, avant que des procédures ne soient prises, « par une tentative de douceur et de suavité », le curé Boullard demanda à rencontrer les deux jeunes gens afin de tenter de les ramener à de meilleurs sentiments. Il réussit à moitié, puisque le sieur de Monteleon accepta le dimanche suivant de se présenter à la messe paroissiale de Beauport et de demander publiquement pardon, au moment du prône. L'officier militaire lui promit aussi de se séparer de la demoiselle de L'Estringant que les autorités avaient placée au couvent de l'Hôtel-Dieu de Québec pendant que son amant demeurait à Beauport.

De leur côté, les parents de Marie-Anne étaient irréductibles. Pour eux, leur fille était mariée à Louis de Monteleon. Ils en parlaient publiquement, évoquant la consommation du mariage et son usage comme des choses aussi licites et permises que s'ils étaient mariés légitimement. Devant cet état de fait, les autorités religieuses n'eurent d'autre choix que de demander au Conseil supérieur de Québec d'entendre la cause, d'autant plus que les L'Estringant de Saint-Martin ne reconnaissaient pas la légalité du tribunal ecclésiastique, l'Officialité.

Dans un premier temps, la cour annula le mariage contracté à la gaumine et défendit aux deux amants non seulement d'habiter ensemble et à Marie-Anne L'Estringant de porter le nom de Monteleon, mais aussi de se fréquenter sous peine pour Monteleon de punition corporelle et pour la demoiselle L'Estringant de 100 livres d'amende que ses père et mère devront payer étant donné son état de mineure. De plus, pour le scandale causé par ce mariage, le Conseil supérieur condamna les deux jeunes gens à verser ensemble une aumône de 25 livres aux pauvres de la paroisse de Beauport. Néanmoins, le tribunal permit à Monteleon et à Marie-Anne L'Estringant de Saint-Martin de se présenter de nouveau devant le grand vicaire Glandelet pour obtenir la permission de faire publier leurs bans et de se marier « suivant les formalités prescrites par l'Église et les lois du Royaume ». Toutefois, pendant toutes les nouvelles démarches, Marie-Anne dut demeurer enfermée au couvent de l'Hôtel-Dieu avec défense d'en sortir jusqu'à la régularisation de son mariage. Nous ignorons si Louis de Monteleon présenta d'autres preuves de sa « liberté au mariage », mais le 16 février 1711, il put épouser Marie-Anne Josèphe L'Estringant de Saint-Martin dans l'église paroissiale de Beauport. Un seul enfant naîtra de cette union : Marie-Louise, née le lendemain de Noël 1711. Celle-ci ne vécut que quelques mois. Elle décéda le 2 mai 1712. Nous ne savons pas combien de temps exactement dura cette union ; toutefois, le 27 novembre 1730, la veuve Monteleon épousait à Québec Ignace-François-Gabriel Aubert de Lachenaye, le fils de François Aubert, conseiller au Conseil supérieur et seigneur de Maure. Marie-Anne aura trois enfants de ce second mariage.

Les astuces de la séductrice

Séduire et être séduit sont des comportements habituels de la vie quotidienne des jeunes gens, et ce, aussi bien du côté féminin que masculin. Si, en général, les femmes semblaient plus passives quoique consentantes dans ce jeu de la séduction, il leur arrivait d'être plus actives. L'homme devenait alors une victime bienveillante qui courait au-devant de son « délicieux tourment ».

C'est le cas en Nouvelle-France de Jean Corollaire, ce jeune Breton d'une vingtaine d'années, originaire du diocèse de Quimper, tambour dans la compagnie des Canonniers-Bombardiers en garnison dans la ville de Québec au début des années 1750, et de Françoise Laurent, servante de vingt ans.

Depuis le 29 janvier 1751, Jean Corollaire était détenu dans les prisons royales de Québec. Il avait été arrêté pour s'être battu en duel et avoir blessé légèrement à un doigt son adversaire, le soldat François Le Coffre. Celui-ci s'enfuit peu de temps après le combat de peur d'être arrêté et condamné à la peine de mort. Selon l'édit de Louis XIV contre les duels du mois d'août 1679 et enregistré au Conseil souverain le 21 juillet 1687, se battre en duel était passible de la peine capitale.

Pour régler leur différend, les deux jeunes militaires qui avaient passé une partie de la journée à boire avaient ferraillé dans un coin retiré du faubourg Saint-Jean, près de la porte du même nom, si bien que peu de gens en avaient eu connaissance. Les autorités judiciaires eurent donc beaucoup de difficultés à trouver des témoins et à accumuler assez de preuves contre Corollaire. Alors le 2 juin 1751, quatre mois après le duel, à la suite de l'enquête et de recherches de preuves infructueuses, le Conseil supérieur décréta un « plus amplement informé » contre lui pendant un an. On se donnait une année pour recueillir les preuves manquantes pour le condamner. En attendant, le Conseil arrêta que le jeune tambour demeurerait en prison, car, dans l'esprit des autorités judiciaires, un soupçon subsistait toujours à son égard. Toutefois, si à la fin de l'année d'emprisonnement rien de nouveau n'était venu s'ajouter à la charge, il serait libéré.

Séduire pour survivre

La prison de Québec où se trouvait Jean Corollaire était située dans le palais de l'Intendant. Elle comprenait un logement pour le geôlier, un cabinet pour interroger les prisonniers, une cellule et quatre cachots voûtés. Comme tous les détenus, Jean Corollaire y était séquestré toute la journée, les fers aux pieds, sans aucune activité. Les prisons royales étaient mixtes, on y écrouait dans le même lieu les hommes et les femmes. Toutefois, on prenait soin de les enfermer dans des cellules séparées. Le geôlier devait veiller, quant à lui, à ce que l'ordre et la morale soient respectés.

Pendant la détention du duelliste, une jeune femme de vingt ans, Françoise Laurent, fille de Guillaume-Antoine, tambour-major de Montréal, occupait une cellule voisine. Servante à Montréal chez le marchand bourgeois Jacques Pomereau, elle avait été arrêtée pour avoir pris dans le portefeuille de son maître plusieurs ordonnances avec lesquelles elle s'était procuré chez le notaire et boutiquier François Simonet des vêtements et une perruque qu'elle portait encore sur sa tête lors de sa comparution devant Guiton de Monrepos, le lieutenant général civil et criminel de la juridiction royale de Montréal, en octobre 1750. Le 26 octobre, à la suite de son procès en première instance, elle fut condamnée à la pendaison. Puis on la transféra à la prison de Québec pour y subir son procès en appel devant le Conseil supérieur. Le 12 mars 1751, celui-ci corrobora la sentence rendue en première instance. Cependant, comme le bourreau de la colonie Jean Duclos dit Saint-Front venait de mourir quelques mois auparavant, le 28 décembre 1750, et que les autorités ne lui avaient pas encore trouvé de successeur, la servante attendait en prison qu'on réussisse à mettre la main sur une personne qui accepterait d'exercer cette fonction. Tout le monde dans la colonie avait ce travail en horreur.

Lors de son engagement chez les Pomereau, Françoise Laurent venait de sortir du « Jéricho ». À la fin des années 1740, Mme d'Youville avait établi cette « prison » à l'intérieur des murs de l'Hôpital général de Montréal pour accueillir les « filles de mauvaise vie ». Une douzaine de chambres y avaient été aménagées dans ce but. « La Laurent » y avait été enfermée parce qu'elle « courait avec les hommes ». Comme à toutes les filles publiques qui y étaient écrouées, on lui avait rasé les cheveux. C'est pourquoi à son arrivée chez les Pomereau, son premier geste, afin de cacher sa tête rasée, avait été d'« emprunter » à sa maîtresse une bagnolette[2] pour aller à la messe sans trop se faire remarquer.

Françoise languissait donc dans la prison royale froide et humide de la capitale depuis quelques mois déjà lorsque Jean Corollaire y fut emprisonné en janvier 1751. Elle fit alors la connaissance du jeune tambour qui occupait une cellule voisine de la sienne.

2 Sorte de petit bonnet rond que les femmes se mettaient sur la tête (Louis-Nicolas Bescherelle, *Dictionnaire universel de la langue française,* p. 328).

Ayant couché librement avec plusieurs hommes au point que l'intendant Bigot avait ordonné de l'enfermer avec quelques autres femmes semblables dans le « Jéricho », Françoise savait comment s'y prendre avec les hommes. Elle connaissait l'approche à adopter pour les séduire. Or, Françoise était toute jeune et ne voulait pas mourir pendue au bout d'une corde. Pour elle, à part les lettres de grâce, de rémission ou de pardon que seuls les nobles et les gens riches et instruits pouvaient obtenir du roi, l'unique moyen d'éviter la potence était d'épouser la personne qui remplissait la fonction de bourreau. Dans un premier temps, il lui fallait donc charmer suffisamment le jeune tambour pour qu'il demande la place de maître des hautes œuvres et qu'ensuite il l'épouse.

La jeune servante entreprit ainsi de séduire Corollaire. Entre les rondes de surveillance du geôlier, elle sut probablement le flatter par de belles paroles, le rendre fou de désir par des mouvements du corps, des battements de cils, un plissement des paupières ou une épaule dénudée. Françoise Laurent sut si bien ensorceler le jeune soldat qu'après l'avoir côtoyé pendant plusieurs mois, elle réussit à le décider. Pour les beaux yeux de Françoise, pour devenir son héros en la sauvant de la potence, Jean Corollaire était prêt à exercer l'emploi le plus déshonorant de cette époque. Pourtant, contrairement à Françoise Laurent, le tambour n'avait pas été condamné à mort, mais seulement à un « plus amplement informé » pendant un an comme nous l'avons mentionné ci-dessus. En réalité, il y avait peu de chances que les autorités judiciaires puissent découvrir d'autres preuves de sa culpabilité, puisque, lors du procès, elles avaient été incapables de dénicher des gens témoins du duel. Il était donc peu probable que son séjour en prison se prolonge au-delà d'un an. Mais Françoise avait si bien joué son jeu de séductrice qu'il était prêt à tout pour la posséder.

Le 17 août 1751, Jean Corollaire « rédigea un écrit » à l'intention des membres du Conseil supérieur de Québec dans lequel il suppliait « la Cour de vouloir l'accepter pour exécuteur des hautes œuvres en cette colonie ». Avant d'accéder à sa requête, les conseillers demandèrent à le voir. Celui-ci fut amené devant eux et promit « de s'acquitter de son devoir avec exactitude ». Il plaida si bien sa cause qu'ils lui accordèrent le poste même s'il n'avait aucune expérience en ce domaine, « vu la nécessité qu'il y avait de posséder un bourreau pour tenir les criminels en respect ». On le délivra alors de l'obligation de « tenir prison » pendant les dix mois qui lui restaient. Mais Jean n'avait pas encore atteint son but : marier sa bien-aimée et ainsi la soustraire à la potence. Dès le lendemain, le nouveau maître des hautes œuvres soumit au Conseil une deuxième requête. « Voulant former un établissement solide », écrivait-il, il supplia « la Cour de vouloir lui accorder en mariage la nommée Françoise Laurent, fille, détenue aux prisons royaux de cette ville ». Le Conseil, après délibérations, acquiesça à sa demande et cassa la condamnation à la pendaison prononcée contre elle, à la condition qu'elle consentît à épouser le bourreau Jean Corollaire. Françoise, on s'en doute, ne se fit pas prier longtemps pour accepter. Elle avait atteint son but : éviter la pendaison. Le jour suivant, le 19 août 1751, les deux jeunes gens s'unirent dans la chapelle du palais de l'Intendant devant le vicaire de la paroisse Notre-Dame de Québec, l'abbé Lamicq. Auparavant, l'évêque de Québec, Henri-Marie Dubreil de Pontbriand, leur avait accordé la dispense de publication des trois bans. D'autre part, les autorités tant civiles que religieuses autorisèrent la mineure Françoise Laurent, âgée de vingt et un ans seulement, à se passer du consentement de ses parents à son mariage avec le bourreau. Enfin, l'évêque lui permit de s'unir dans une paroisse autre que celle de son lieu de résidence, Montréal. Le greffier en chef du Conseil supérieur, Nicolas Boisseau, et les conseillers François Foucault, Jean Nouchet et François Clesse assistèrent au mariage.

Libéré de la prison, le jeune couple alla probablement résider à la « Redoute au Bourreau », la demeure assignée au maître des hautes œuvres, située non loin de la porte Saint-Jean, près des remparts de la ville de Québec. Il ne semble pas que Jean et Françoise eurent des enfants. Jean Corollaire exerça son emploi pendant presque un an, soit jusqu'à la fin d'avril 1752. Par la suite, on ne trouve plus de traces du couple dans les archives. Aucun document les concernant n'a pu être retrouvé.

L'amour aveugle...

Tout comme le soldat Jean Corollaire, un marchand de Québec se laissa séduire et berner par une femme. Il s'agit d'Antoine Marsal, un jeune immigrant français de vingt-cinq ou vingt-six ans, originaire de la ville de Moissac. Il tenait un magasin de marchandises sèches dans la ville de Québec. Il vendait des fournitures telles que tissus, toiles, mousselines, etc., qu'il importait de France et il exportait des fourrures dans la métropole. À ce titre, il commerçait avec d'autres marchands, dont Louis-Philibert Péclavé qu'il fréquentait à l'occasion. C'est ainsi qu'il connut la femme de celui-ci, Marguerite Gerbain, native de Montauban comme son mari. Péclavé faisait du commerce avec les Antilles françaises et s'y rendait quelquefois. Il semble que, durant ses séjours dans les îles, son ami Marsal tenait compagnie à sa femme afin qu'elle ne s'ennuie pas trop. C'est ainsi qu'au cours de l'automne 1728 et de l'hiver 1729, alors que le mari de Marguerite se trouvait aux Antilles, Marsal accompagna Marguerite à des baptêmes. Or, au cours de son séjour dans les îles en 1728 et 1729, Péclavé mourut dans des circonstances inconnues. Le 25 juin 1729, dans les registres d'état civil de la paroisse Notre-Dame de Québec, il est clairement mentionné dans l'acte de sépulture de son fils unique, Nicolas, âgé de deux ans, que le père était décédé.

Le veuvage de Marguerite semble avoir été assez court. Le 20 juillet 1729, moins d'un mois après la mort de son jeune enfant et quelques mois seulement après celle de son mari, elle épousait Antoine Marsal à Québec dans l'église Notre-Dame. Cette union rapide de la veuve Péclavé et d'un jeune marchand de Québec dut sans doute alimenter pendant un certain temps la conversation des bourgeois de la capitale.

Nouveau marié, Antoine n'avait d'yeux que pour Marguerite et lui permettait tout. Il devint son esclave amoureux. Or, sa nouvelle épouse se plaignait continuellement à ses amis qu'ils n'avaient pas signé de contrat de mariage au moment de leur union. Alors pour faire cesser la mauvaise humeur de Marguerite, il accepta de signer une reconnaissance de dette de 6 913 livres pour tout ce qu'elle avait apporté en mariage, même si, selon lui, les apports de sa femme dans la communauté matrimoniale n'équivalaient pas à cette somme.

Mais les déboursés du jeune marchand ne s'arrêtèrent pas là. Marguerite Gerbain aimait beaucoup dépenser, achetant « toutes sortes de parures et autres consommations vaines et superflues » pour lesquelles, écrit Antoine, « elle n'a jamais consulté que son caprice ». En plus, elle lui faisait payer l'éducation, la pension, l'entretien et les nombreuses « parures » de sa fille, pensionnaire chez les Ursulines à Poissy, près de Paris. Ensuite, sans que le jeune marchand le sache, elle prenait dans le magasin tout ce qui lui convenait et demandait à des « revendeuses » d'écouler à son profit la marchandise dans la ville. Aussi, elle envoyait en cachette en France des barils remplis de vêtements neufs, de tissus et de fourrures appartenant à son mari. Marianne Caillaud, une servante ayant travaillé pour les Marsal, déclara même au juge de la prévôté de Québec lors de l'enquête que Marguerite Gerbain fouillait dans les poches de son époux pendant qu'il dormait et y prenait l'argent qui s'y trouvait. Elle ajouta que, plusieurs fois, Mme Marsal demanda à sa petite fille d'aller chercher l'argent dans le comptoir du magasin et de le lui apporter, lui affirmant qu'il n'y avait pas là péché, puisqu'il s'agissait de l'argent de son mari.

Antoine Marsal savait bien que sa femme le volait et même s'il lui avait fait de « nombreuses remontrances », il n'avait jamais réussi à mettre un terme à ces vols et dépenses excessives. Il ne s'en était « plaint à personne, ayant toujours pensé, écrivait-il dans sa plainte devant la justice, qu'il était de l'intérêt de son commerce de tenir cette mauvaise conduite cachée aux yeux du public ».

Toutefois, cette situation ne pouvait durer sans que les affaires de Marsal s'en ressentissent. Ses créanciers français le menacèrent de saisie s'il ne les payait pas. Il dut se résoudre à demander une séparation de biens, ce qui lui permit d'obtenir un délai de paiement. Marguerite le convainquit alors par ses belles paroles et ses ruses de la laisser aller à Paris arranger les affaires auprès des marchands à qui il devait de l'argent. Il lui donna une procuration et même une somme de 40 000 livres à remettre à ses créanciers. Cependant, une fois en France, elle ne s'occupa pas de régler la saisie et utilisa l'argent à ses fins personnelles. De Paris, elle lui écrivit de magnifiques lettres « remplies de tendresse simulée », déclara Marsal au juge, dans le but d'obtenir de sa part de nouveaux fonds afin, disait-elle, de « parvenir à un arrangement » avec les créanciers. Elle se rendit ensuite à Moissac auprès de la famille d'Antoine où « elle porta le trouble et la désolation », affirma Marsal, en voulant, grâce à la procuration, procéder au partage juridique des biens de sa famille avec la sœur d'Antoine. Celui-ci ne voyait rien de cela, aveuglé qu'il était par son amour pour Marguerite. « Donne-le-moi amoureux, je te le rendrai ruiné », disait un proverbe provençal à l'époque. C'est bien ce vers quoi le jeune marchand de Québec se dirigeait lorsque sa sœur lui écrivit de Moissac une lettre dans laquelle elle le mit au courant des friponneries de sa femme. Il put alors réagir rapidement et annuler toutes les autorisations données, évitant ainsi la ruine. Ce sont ces dernières malversations qui l'incitèrent à saisir la justice coloniale de cette affaire et à révéler « une chose qu'il avait toujours cachée avec grand soin aux yeux du public ».

Nous ignorons comment tout cela s'est terminé. Apparemment, Marguerite Gerbain n'est jamais revenue en Nouvelle-France. Quant à Antoine Marsal, il a continué à faire du commerce dans la colonie, se livrant à l'import-export à titre d'armateur et de propriétaire de navires. Il ne put se remarier et décéda seul à Québec le 26 novembre 1757. Il avait cinquante-cinq ans.

TROISIÈME PARTIE

AMOUR ET MARIAGES

Rembrandt, *Le lit à la française,* 1646, Bibliothèque nationale de France.

À cette époque, peu de sentiments humains étaient à ce point aussi ambigus que l'amour, il était à la fois *eros* et *agapè*. Le premier, inspiré de l'antiquité païenne, englobait autant les comportements sexuels que l'amour proprement dit. Le second, basé sur l'héritage chrétien, renvoyait à un sentiment sublimé où amour rimait avec mariage, famille et maison. Antoine Furetière, dans son *Dictionnaire universel* (1690), définissait l'amour comme une « passion de l'âme qui nous fait [avoir de l'affection pour] quelqu'un ou quelque chose ». Il ajoutait, l'assimilant alors à l'instinct sexuel, que l'« amour se dit principalement de cette violente passion que la nature inspire aux jeunes gens de divers sexes pour se joindre afin de perpétuer l'espèce ».

En fait, le mot « amour » pouvait désigner soit l'amitié entre deux personnes de même sexe ou de sexe opposé, soit l'amour charnel, c'est-à-dire la « folle passion », la « volupté coupable », selon certains théologiens, ou encore ce tendre sentiment fait d'amitié et d'attirance sexuelle qui existait entre un homme et une femme. La plupart du temps, les notaires en Nouvelle-France utilisaient le terme « amitié » dans les contrats de mariage pour désigner la bonne entente qui existait entre l'homme et la femme au moment de l'union conjugale. Ils se servaient alors d'une formule comme « et pour la bonne amitié que ledit futur époux porte à ladite damoiselle future épouse et pour lui en donner des marques évidentes… » ou encore « et pour la bonne amitié que lesdits futurs époux se portent l'un et l'autre… » ou « et pour l'amitié sincère… ». Ils employaient beaucoup plus rarement des mots comme affection ou amour. Par exemple, on retrouve le mot « amour » dans le contrat de mariage de Louis Pepin, fils de Robert et Marie Creste, et Anne-Élisabeth Boutin, le 9 novembre 1710. Le notaire Jean-Étienne Dubreuil écrit : « et pour l'amour réciproque et mutuel que lesdits futurs époux se portent l'un et l'autre… ». Dix ans auparavant, le 11 novembre 1700, dans le contrat de mariage de Robert Pepin fils avec la veuve Élisabeth Royer, de huit ans plus âgée que son futur époux, le notaire avait été encore plus précis dans sa description du sentiment qui existait entre les deux futurs mariés, il écrivait « en considération de l'affection et jeunesse [il a vingt-trois ans] dudit Pepin… ». Il n'était plus question ici d'amitié mais d'affection.

Par contre, même si textuellement le mot « amour » n'était pas très présent chez ces actes notariés, on retrouvait ce sentiment dans la jeunesse canadienne. Au milieu du XVIIIe siècle, alors qu'il voyageait de Trois-Rivières vers Montréal en s'arrêtant ici et là chez les habitants, le naturaliste Pehr Kalm mentionnait que tout en travaillant à la maison, les femmes « fredonnent toujours, les filles surtout, quelques chansons dans lesquelles les mots amour et cœur reviennent souvent ». Par exemple, elles chantonnaient des airs comme ceux de *À la claire fontaine,* les mots du refrain disant: «Depuis l'aurore du jour je l'attends, Celui que j'aime que mon cœur aime.» Ou encore elles chantaient *J'ai rencontré m'amie*, les paroles du refrain référant à l'amour:

> J'ai aimé m'amie, je l'aimerai toujours.
>
> J'ai aimé m'amie, la nuit comme le jour.

D'autres fois, tout en préparant les repas, c'était la chanson *Là-haut sur ces montagnes* qu'elles chantonnaient. Plusieurs couplets parlaient d'amour:

> Qu'avez-vous donc, bergère, qu'a'vous à tant pleurer?
>
> Ah! Si je pleure, c'est de tendresse: c'est de vous avoir trop aimé.
>
> De tant s'aimer, la belle, qui nous empêchera?
>
> Faudrait avoir un cœur de pierre à qui vous aimerait pas.
>
> Les moutons dans ces plaines sont en danger des loups
>
> Pas plus que vous, belle bergère, vous qui êtes en danger d'amour.

D'ailleurs, lorsque les mots manquaient aux jeunes gens, on raconte que ces chansons d'amour leur fournissaient des formules toutes prêtes.

L'amour et l'opposition des parents au mariage de leur enfant

Toutefois, les jeunes gens pouvaient bien s'aimer et se le manifester, ils devaient convaincre leurs parents de leur donner la permission de se fréquenter, puis de se marier, s'ils voulaient concrétiser leur amour par une union. Les parents avaient leur mot à dire, car l'union des deux jeunes gens liait deux familles. « Monsieur, occupez-vous de vos affaires » : cette réponse d'un père à son fils s'informant des qualités de la femme qu'on lui avait choisie, comme le rapporte l'historienne française Martine Ségalen dans *Éloge du mariage*, décrit bien le rôle important joué par les pères et mères en France, chez les bourgeois et les nobles, dans le choix d'un conjoint ou d'une conjointe, et le peu de pouvoir des jeunes gens. Selon les parents, le choix ne pouvait se faire au hasard de l'amour. Sanctionné dans 60 % des cas par un contrat devant notaire, le mariage était considéré comme un des plus importants engagements sociaux que l'on pouvait prendre. Voilà pourquoi les parents veillaient.

Nous croyons qu'au sein des mêmes groupes sociaux dans la colonie laurentienne, les choix se faisaient à peu près de la même façon qu'en France. Pour le constater, il suffit d'étudier les oppositions au mariage des parents dans la colonie. Aussi, il faut mentionner que, généralement, les autorités tant civiles que religieuses exigeaient le consentement des parents pour célébrer le mariage des jeunes gens. Cette coutume, issue du droit romain, était basée sur le fait que la puissance paternelle s'exerçait sur les enfants tant que le père vivait. Toutefois, il arrivait que des jeunes couples s'aimaient tellement qu'ils étaient prêts à tout pour vivre ensemble, même à affronter les parents qui refusaient de consentir à leur union.

Les pères et mères avaient plein pouvoir et autorité sur leurs enfants avant leur majorité légale (vingt-cinq ans) et même jusqu'à l'âge de trente ans pour les garçons. Ils pouvaient les forcer à épouser une personne qu'ils n'aimaient pas ou s'opposer à l'union que leurs enfants désiraient contracter.

Le mariage avait alors pour but d'unir non des individus mais des familles. Les intérêts sociaux et économiques des parents et de la famille primaient les sentiments. Contrairement à aujourd'hui, dans une union, l'amour n'était pas toujours la priorité. Pensons par exemple à des pièces de théâtre comme *Le Cid* de Pierre Corneille, *Britannicus* de Jean Racine, *L'Avare*, *Tartuffe*, *Le Bourgeois gentilhomme* ou *Les Femmes savantes* de Molière, dans lesquelles de jeunes couples d'amoureux se heurtent à l'hostilité du père qui refuse obstinément d'accorder son consentement à leur mariage. Dans les tragédies de Racine ou de Corneille, le conflit entre l'amour des jeunes gens et l'autorité du père est sans issue, alors que, dans les comédies de Molière, on parvient à faire entendre raison au père qui accepte l'union. Nous oublions trop souvent que ce type de situation décrit par Corneille, Racine et Molière correspondait à une réalité sociale présente en Nouvelle-France autant qu'en France.

L'association sociale et économique des jeunes gens était une préoccupation importante, en particulier chez les nobles, les bourgeois et les marchands. Dans ces groupes sociaux, il était difficile de s'opposer aux souhaits des parents. Leur autorité l'emportait sur l'amour que les conjoints pouvaient avoir l'un pour l'autre. Souvent, le véritable affrontement ne se situait pas entre les enfants amoureux et les parents obstinés, mais entre l'amour et l'argent ou le rang social qu'on devait préserver. Avec la mort, le mariage constituait le moment où s'effectuait la plupart du temps le transfert du patrimoine économique et social. Il était donc important pour les parents que celui-ci soit remis entre des mains dignes et à la hauteur du legs. Dans ces conditions, l'amour demeurait dans la majorité des cas incompatible avec les exigences sociales et économiques des parents.

Toutefois, au XVIIIe siècle, on vit fréquemment l'amour triompher chez les gens du commun. Il reste que, même dans ce groupe social, le fils qui demeurait à la maison et à qui les parents se donnaient devait choisir une compagne qui leur soit agréable, puisque celle-ci aurait probablement à prendre soin d'eux jusqu'à leur mort. En effet, lorsque de vieux parents, par une « donation entre vifs » (la forme la plus fréquente de libéralités accordées par les parents) ou par une « cession et abandon » ou une « démission de biens », transféraient la propriété de leurs biens à un de leurs enfants, celui-ci s'engageait habituellement à les entretenir et souvent à vivre avec eux jusqu'à la fin de leurs jours.

En 1759, Jean-Baptiste Verger dit Desjardins était un prospère cultivateur de L'Assomption. Il avait beaucoup d'ambition pour sa fille unique Marie-Louise, née de son union avec Marguerite Baudoin. Lui qui était déjà assez avancé en âge – il avait 72 ans – espérait probablement la marier à un bon parti du village qui aurait pu reprendre sa terre et s'occuper de lui et de sa femme jusqu'à leur mort. Mais Marie-Louise s'éprit de François Chevalier, le jeune engagé de vingt-deux ans que son père avait à son service. Elle devint à ce point amoureuse de son beau François qu'elle « eut la faiblesse de s'abandonner à lui sous promesse de mariage». Jeune – elle n'avait que dix-neuf ans – et en santé, Marie-Louise devint rapidement enceinte. Le père s'en aperçut et refusa qu'elle épouse son engagé. Il était tellement furieux que sa fille se soit laissée séduire par Chevalier qu'il se mit à la battre, «à la maltraiter cruellement», écrit-on dans les documents, au point où elle eut peur de perdre son enfant. Elle se confia à son amant qui lui suggéra de se réfugier chez son père, François Coursel dit Chevalier. Accompagnée de sa cousine germaine, Josèphe Moreau dit Duplessis, elle s'y retira. Toutefois, cet état de choses – les deux amants vivaient sous le même toit sans être mariés – ne pouvait durer sans créer un scandale dans le village. Le 11 août 1759, les deux jeunes gens décidèrent de régulariser leur situation. Ils se rendirent à Montréal où ils pensaient se marier, même s'ils ne pouvaient obtenir l'autorisation du père de Marie-Louise. On leur avait dit qu'ils pourraient s'unir devant Dieu pendant la messe paroissiale de six heures du matin. Il suffisait qu'un prêtre soit témoin de l'échange de leur consentement. La cousine germaine les accompagna. Ainsi, pendant la célébration eucharistique, au moment où le prêtre élevait la sainte hostie, ils se levèrent et, avec comme témoins les hommes qui assistaient à la messe, ils déclarèrent à haute voix qu'ils se prenaient l'un et l'autre pour mari et femme.

Mais ces mariages clandestins étaient interdits par l'Église et l'État, si bien que peu de temps après la messe, Marie-Louise Verger et François Chevalier furent arrêtés et mis en prison où le lieutenant civil et criminel de la juridiction royale de Montréal, Guiton de Monrepos, les interrogea. Les procédures judiciaires traînèrent en longueur. Après une dizaine de jours dans les cachots humides et malsains de la prison royale de Montréal, le 24 août 1759, l'intendant Bigot mis au courant de l'affaire ordonna de les « relaxer et mettre hors des prisons ». Deux mois plus tard, le 7 novembre 1759, le curé Daillebout de la paroisse de Repentigny acceptait de les marier officiellement. Ni Jean-Baptiste Verger dit Desjardins ni François Coursel dit Chevalier n'assistèrent à la cérémonie. Un mois après leur mariage, le 6 décembre, Marie-Louise donnait naissance à un fils, Louis-Benjamin, baptisé le lendemain dans la paroisse Saint-Laurent. Le couple aura par la suite quatre autres enfants dont un seul vivra.

Les sommations respectueuses

L'édit d'Henri II de 1556, enregistré au Conseil supérieur de Québec, stipulait que les père et mère pouvaient déshériter les enfants qui se mariaient sans leur consentement. Toutefois, l'acte indiquait aussi que les fils de plus de trente ans et les filles excédant vingt-cinq ans ne seraient pas tenus d'obtenir l'approbation de leurs parents à leur mariage si, au préalable, ils avaient demandé par écrit et oralement leurs avis et conseils, c'est-à-dire s'ils leur avaient présenté des « sommations respectueuses ». Lors de ces sommations, les enfants devaient exposer verbalement et par écrit leur requête aux parents qui refusaient de consentir à leur mariage. Ce sont surtout des personnes appartenant aux échelons les plus élevés de la société coloniale qui agirent ainsi. Pour elles, il était difficile de s'opposer aux souhaits des parents, et par ces gestes, elles espéraient les convaincre d'accepter leur mariage.

Le jour de la sommation respectueuse, le futur marié (ou la future mariée) devait arriver à la demeure de ses parents accompagné d'un notaire qui dressait le procès-verbal de la sommation que le fils (ou la fille) formulait à haute voix. Si les parents s'obstinaient toujours à refuser leur approbation au mariage, l'enfant avait l'obligation de refaire sa sommation deux autres fois avant de pouvoir être autorisé par les autorités civiles à se marier sans le consentement parental.

Par exemple, un officier des troupes de la marine, appartenant à la noblesse de la Nouvelle-France, François-Paul Denys, sieur de Thibaudière, âgé de trente et un ans, dut se soumettre à ce rite. Fils de feu Louis Denys de La Ronde et de Louise Chartier de Lotbinière de la ville de Québec, il avait connu et fréquenté Marguerite-Suzanne Duclos Decelles, la fille d'Alexandre et de Marguerite Perrault, alors qu'il était en garnison à Montréal en 1748. Ils se plurent et voulurent se marier. Son père étant décédé, François écrivit à sa mère pour obtenir l'autorisation de l'épouser. En plus d'être liée par le mariage aux familles Denys, Ramezay, Léry et Lino qui, comme les Lotbinière, faisaient partie de l'élite coloniale, Louise Chartier de Lotbinière appartenait à une famille bien vue dans la colonie. Dans ce contexte, elle considérait que son fils ne pouvait s'unir avec une demoiselle dont la famille avait peu de renom. Pour elle, Marguerite-Suzanne Duclos Decelles n'était pas digne de se joindre à sa famille. Mme de Lotbinière refusa donc de donner son consentement. François ne se considéra pas battu pour autant et vint « exprès de Montréal » pour essayer de la convaincre. Le 20 février 1749, il se présenta chez sa mère, rue Saint-Louis à Québec, où respectueusement il la supplia de bien vouloir approuver son mariage avec Marguerite-Suzanne Duclos Decelles, fille majeure âgée de vingt-huit ans. Il la lui présenta comme « un parti favorable et avantageux pour lui et qui lui convenait autant par rapport à l'alliance que par les facultés de cette demoiselle qui est fille unique », déclara-t-il à sa mère. Celle-ci lui répondit « qu'elle n'empêchait point son mariage… mais qu'elle ne pouvait se résoudre à lui donner son consentement par écrit, qu'au surplus il était maître de lui étant majeur et qu'ainsi il pouvait agir comme il lui plairait ». Elle ajouta que « le consentement qu'il exigeait ne pouvait lui ôter son autorité de mère et elle ne souffrait les présentes soumissions que pour la forme, mais que pour consentir à donner son consentement par écrit, c'est ce qu'elle ne fera jamais parce que le parti dont il est question ne saurait lui être avantageux eu égard à sa situation actuelle ». Elle supporta donc les trois sommations, mais sans accorder son acceptation écrite au mariage de son fils. François-Paul Denys, sieur de Thibaudière, dut s'en passer et se maria cinq mois plus tard, le 20 juillet 1749, dans l'église Notre-Dame de Montréal avec Marguerite-Suzanne Duclos Decelles. Assistèrent à leur mariage des amis comme les nobles Jean-Baptiste Chevalier de Lapérade et Joseph Langis de Fontenelle ainsi que le notaire royal Jean-Baptiste Adhémar, mais la mère de François était absente. Le couple aura deux enfants : Louis, né à Montréal le

7 juin 1750, et Pierre, né vers 1755 et mort à Montréal le 1er août 1756.

Parce que, pour eux, il est important de sauver leur honneur et de respecter la parole donnée, certains enfants sont prêts à tout, même à affronter la fureur de leurs père et mère pour épouser celle à qui ils ont promis le mariage et qu'ils ont mise enceinte. Ils se doivent en leur âme et conscience de l'épouser, et ce, malgré l'opposition des parents. Nous connaissons le cas de Jean-Claude Louet. Depuis un certain temps, il fréquentait Marie-Thérèse, la fille mineure d'un petit cordonnier de Québec, Jean Oulet (John Willis), originaire d'Angleterre. Le père de Jean-Claude, le notaire royal Claude Louet, ne trouvait pas ce parti assez honorable pour son fils. Il refusa d'autoriser ce mariage, même si son garçon lui affirmait que Marie-Thérèse portait son enfant. Jean-Claude, âgé de trente ans, n'eut d'autre choix que de sommer respectueusement son père de consentir à cette union. Il lui écrit le 22 janvier 1733 que « c'est l'obligation indispensable de réparer la réputation de celle que j'ai entièrement perdue » qui l'amène à se soustraire à l'obéissance et à la soumission qui normalement lui seraient dues. Il ajoute dans sa deuxième « sommation respectueuse » qu'il est « dans une obligation indispensable d'accomplir les promesses » qu'il a faites s'il veut assurer son salut. Mais, malgré les arguments de son fils, le notaire Louet ne voulut pas se rendre à sa requête. Ayant présenté ses trois sommations, Jean-Claude fut autorisé par les autorités à marier Marie-Thérèse Oulet, âgée de vingt et un ans. Le 16 février 1733, dans l'église paroissiale de la ville de Québec, en l'absence de son père, il épousait celle qui portait son enfant. Moins d'un mois plus tard, le 12 mars, Marie-Thérèse mit au monde un fils à qui on donna le prénom du père: Jean-Claude. Sept autres enfants naîtront de cette union. Le 7 avril 1746, à l'âge de trente-quatre ans, Thérèse décéda probablement des suites de ses nombreux accouchements. Quatre mois et demi plus tôt, elle avait donné naissance à un dernier enfant, baptisé Joseph-Marie.

Sommation respectueuse de Catherine Frontigny, à son beau-père, le notaire Gilbert Boucault de Godefus, et à sa mère, la veuve Frontigny.

9 septembre 1745

Aujourd'hui neuvième [jour de] septembre après-midi de la présente année mil sept cent quarante-cinq, en la présence et compagnie du notaire royal en la prévôté de Québec soussigné et des témoins ci-après nommés Catherine Frontigny, fille majeure de vingt-sept ans, demeurant en cette ville de Québec, s'est transportée en la maison de maître Gilbert Boucault de Godefus, notaire royal en cette prévôté, son beau-père, et de dame Magdeleine La Joue, veuve Frontigny, sa mère, size quartier du Palais, auquel lieu étant et parlant au dit M. Boucault de Godefus, la dite Demoiselle Frontigny étant en tout devoir et respect, continuant plusieurs prières et supplications verbales par elle ci-devant faites, a d'abondance prié et requis le dit maître Boucault de Godefus, son beau-père, et la dite dame veuve

Frontigny, sa mère, de vouloir consentir à son mariage avec le sieur Jacques Montrougeau, qui est un parti favorable et avantageux pour elle; par le dit maître Boucault tant en son nom que pour la dite damoiselle Magdeleine La Joue, son épouse, a été dit que cette sommation ne part de la dite Catherine Frontigny que d'un caractère indocile à leur avis, qui loin de suivre les préceptes et l'éducation que la dame sa mère et le dit Boucault se sont efforcés de lui donner, veut par un caprice et un entêtement sans pareil se faire un état et un établissement par mariage, dont, vraisemblablement, elle pourrait craindre de se repentir, si elle y peut parvenir contre le gré de sa mère et de ses parents, qui connaissent les risques évidents qu'elle court d'hasarder par pareille entreprise avec une personne qu'elle n'a pas eu le temps de connaître et éloignée de son domicile depuis huit ou neuf ans, ainsi qu'on l'a appris, sans faire réflexion de sa part que quoiqu'elle ait l'âge de se pourvoir et que la loi supplée au moyen dont elle se sert, que ce n'est que dans le cas où il s'agirait du caprice des père et mère qui lui ferait manquer un parti convenable, et qu'au contraire dans le cas présent loin par la dite Catherine Frontigny d'avoir lieu d'être autorisée par la loi, elle devient blâmable devant Dieu et à l'égard de ses parents qui lui ont donné l'être et l'éducation en faisant pareil choix et précipitant une pareille affaire, qui demande les réflexions suffisantes pour ne pas s'attirer la disgrâce de sa mère et animadversion de celui qui a pourvu avec soin et de sa bourse à l'élever et lui faire donner l'éducation et ensuite un talent tel que celui de la couture, qu'il lui a fait apprendre, propre à se tirer d'affaire; et pour éviter tous les dangers que peut encourir la dite Catherine Frontigny et lui ôter tout prétexte qu'elle pourrait hasarder, le dit sieur Boucault en son nom et de la dame sa mère pour lui faire sentir les sentiments qu'ils ont toujours eus et qu'ils ont actuellement à son égard lui déclarent par ces présentes qu'ils ne s'opposent à ce prétendu mariage que par des vues bien différentes à ceux qui ont eu assez peu de connaissance ou assez peu de sentiments pour seconder et donner dans une pareille escapade; et que les dits sieur et dame Boucault sont prêts de recevoir la dite Catherine Frontigny dans leur maison et la traiter convenablement comme les autres qui y sont aujourd'hui, et la mettre par là en état de lui procurer un parti plus convenable, ce que les dits sieur et dame Boucault lui réitèrent à ce qu'elle n'en ignore, autrement ils seront obligés de la regarder comme rebelle à leurs avis, en suivant les exemples des enfants indociles qui, pour avoir manqué de respect essentiellement à leurs père et mère, ne peuvent qu'en ressentir les peines et éloigner la bénédiction du Seigneur qui n'est accordée qu'à ceux qui observent le commandement de Dieu touchant le respect dû aux parents qui est le seul qui soit accompagné d'une récompense, [c'est] pourquoi [ils] persistent dans leur déclaration et opposition au dit prétendu mariage et a le dit Me Boucault signé avec les témoins ci-après nommés et nous dit notaire soussigné.

Boucault de Godefus

Chalou Maillou Panet

Laquelle présente réponse la dite Catherine Frontigny a pris pour refus et a protesté que sans se départir du profond respect qu'elle a pour le dit Me Boucault et la dame sa mère, il sera passé outre à la célébration du dit mariage dont elle a requis acte à elle octroyer. La présente sommation et soumission respectueuse faite les jour et an susdits au dit maître Boucault et à la dame son épouse parlant que dessus en présence des sieurs Pierre Chalou, maître boulanger en cette ville de Québec, et Joseph Maillou, navigateur, tous deux demeurant en cette ville, la présente sommation faite en vertu de l'ordonnance de monsieur le lieutenant général civil et criminel de la prévôté de cette ville en date de ce jour étant au bas de la requête à lui présenter et à la dite Demoiselle Frontigny et les susdits témoins signés tant au présent original qu'en la copie d'icelle laissée au dit Boucault parlant que dessus.

Catherine Frontignie[3]
Chalou Maillou Panet

(Archives nationales du Québec à Québec, greffe de Jean-Claude Panet, 9 septembre 1745, dans *Rapport de l'archiviste de la province de Québec, 1921-1922*, p. 67-68.)

[3] Après avoir présenté ses trois sommations respectueuses et essuyé à chaque fois le refus de ses parents d'accepter son union avec Montrougeau, Catherine Frontigny se mariera avec Jean-Baptiste Montrougeau en l'église Notre-Dame de Québec le 14 septembre 1745.

Les unions mixtes et les parents

L'opposition des parents au mariage pouvait également se manifester dans le cas de religion contraire. On sait que jusqu'à la Conquête, tout mariage entre deux personnes de « religion contraire », comme une de religion catholique et une de religion protestante, était impossible en vertu de l'article II de la charte de la Compagnie des Cent-Associés où il était mentionné que les associés devaient « peupler la colonie de naturels français catholiques ». On considérait la religion catholique romaine comme le fondement de l'État. Le roi de France tenait son pouvoir de Dieu dont il se croyait le représentant sur terre. Ses sujets se devaient de professer sa religion. Remettre en cause la foi du roi, c'était remettre en question son autorité. Comme l'élite et les bourgeois, le gouvernement colonial était donc aussi catholique que le roi de France. Dans ce contexte, on considérait les protestants comme des mauvais serviteurs du roi. On n'en retrouvait qu'un petit nombre dans la colonie. Les autorités métropolitaines et coloniales ne toléraient leur existence en Nouvelle-France que pour le bien du commerce, et ce, malgré les pressions du clergé qui s'opposait à leur présence. Cependant, les huguenots ne pouvaient y pratiquer officiellement leur religion. Louis XIV avait indiqué spécifiquement à Rémy de Courcelles, dans sa commission de gouverneur de la Nouvelle-France en 1665, qu'il était défendu « aux personnes de la religion prétendue réformée de s'assembler pour faire l'exercice de leur religion dans l'étendue de ce dit pays [...], lesquelles ne pourront hiverner à l'avenir en ce dit pays sans permission, et que si quelqu'un y hivernait pour cause légitime, ils n'auront aucun exercice public de leur religion et vivront comme des catholiques sans scandale».

Vers la fin du Régime français, dans les années 1740-1760, des associés de religion protestante, représentants de grandes maisons marchandes de Rouen, La Rochelle et Montauban, sont venus s'établir dans la colonie. Parmi eux arriva à Québec au printemps de 1752 un jeune homme de dix-neuf ans, Pierre Rouffio, originaire de Montauban. Il venait rejoindre ses frères qui faisaient du commerce d'import-export entre la métropole et la colonie depuis plusieurs années déjà. Quelques mois après son arrivée, il fit la connaissance de Louise Cadet, la fille mineure du marchand-boucher Augustin Cadet. Il commença à lui rendre visite chez son père. Marie Dubois, la veuve de Joseph La Druire, agissait comme chaperon et veillait à ce que «rien d'illicite et de malhonnête», déclara-t-elle au juge, ne se passât entre eux. Les choses allèrent ainsi jusqu'en juillet 1753. C'est à ce moment qu'Augustin Cadet, mécontent de la conduite de sa fille, la battit au point où elle eut les bras «tout noirs», selon Pierre Rouffio, tellement ses membres étaient couverts d'ecchymoses. Refusant de subir de nouveau les violences de son père, Louise fit le projet de s'enfuir avec son amoureux et de se rendre à Montréal où, espérait-elle, elle pourrait l'épouser librement, lui qui la courtisait depuis déjà neuf mois.

Mais, comme Louise, Pierre était mineur, il n'avait que vingt ans et elle, seulement dix-sept. Pierre se trouvait bien jeune pour se marier, d'autant plus qu'il ne pouvait le faire sans le consentement de son frère

Jean, son tuteur depuis le décès de son père. Son frère le lui refusa, alléguant sa «grande jeunesse» et sa «religion contraire» à celle de Louise Cadet, lui, huguenot, et elle, catholique romaine. Toutefois, parce qu'il était attaché à Louise, Pierre se dit prêt à l'accompagner dans sa fuite. Ils se donnèrent rendez-vous le lendemain soir vers 21 h 30 au quai de la rue du Sault-au-Matelot. Entre temps, Pierre s'entendit avec un couple d'Amérindiens à qui il versa la rondelette somme de 300 livres (l'équivalent du salaire annuel d'un petit ouvrier spécialisé) pour qu'ils les mènent en canot jusqu'à Montréal. Le lendemain, ils montèrent à bord de l'embarcation conduite par les Amérindiens et se dirigèrent vers Montréal. Pendant tout le trajet, depuis Québec jusqu'à Saint-Nicolas où ils s'arrêtèrent pour passer la nuit, Louise ne cessa de parler de mariage à Pierre dans l'espoir de le convaincre de l'épouser sur-le-champ. Il était sur le point de succomber, affirma-t-il au juge de la prévôté de Québec, lorsque l'on vint les arrêter.

Leur fugue avait été vite découverte, et le père de Louise, Augustin Cadet, avait aussitôt envoyé à leur poursuite les archers de la maréchaussée. Pendant ce temps, sur le bord du Saint-Laurent à Saint-Nicolas, un habitant du village trouva étrange la présence de ces jeunes gens accompagnés d'un couple d'Amérindiens avec leur enfant qui campaient sur le bord d'un petit bois, un peu en retrait de la grève. Il voulut en savoir davantage et leur adressa la parole. Il découvrit que la jeune femme était la nièce d'un habitant du village, Nicolas Boucher. Après leur avoir parlé, il s'empressa d'avertir ce dernier. Celui-ci alerta la milice du village qui vint les arrêter malgré les pleurs et les protestations de Louise. On la plaça sous bonne garde avec son amant, chez son oncle. Dès le lendemain, les archers de la maréchaussée arrivèrent et ramenèrent les deux fugueurs à Québec. Louise fut grondée par son père qui, pour l'assagir et la punir, l'enferma à l'Hôpital général, où, comme le voulait la coutume, on gardait les filles qui menaient une «mauvaise vie». Louise déclara à son père qu'elle était extrêmement repentante de lui avoir causé autant de chagrin, mais qu'elle s'était enfuie avec Pierre Rouffio parce qu'elle l'aimait et qu'elle voulait l'épouser.

Quant à Rouffio, il affirma à son frère Jean que c'est son amour pour Louise Cadet qui l'avait amené à l'accompagner dans sa fugue. Arrêté et accusé de rapt, il fut emprisonné à la prison royale de Québec. Il subit son procès devant la prévôté de Québec. Trouvé coupable de rapt, on le condamna aux galères à perpétuité. En appel de ce verdict devant le Conseil supérieur de Québec, sa sentence fut diminuée à une peine de neuf ans de bannissement de la colonie, à payer les frais du procès et à verser 10 000 livres en guise de dommages et intérêts civils à Louise Cadet. La cour ajouta que Pierre Rouffio devait rester en prison tant et aussi longtemps qu'il n'aurait pas payé cette somme. Quant à sa condamnation au bannissement, son temps ne pourrait commencer qu'à compter du jour où il sortirait de prison, «à moins qu'il n'aime épouser Louise Cadet». Dans ce cas-là, il serait conduit de la prison de Québec jusqu'à la chapelle du palais de l'Intendant pour y célébrer son mariage. Le jour avant le prononcé de cette sentence, le 27 septembre 1753, Pierre Rouffio abjura sa foi en présence du frère de Louise, Joseph Cadet. Nous aurions pu croire qu'en reniant sa religion, il se préparait à marier Louise. Mais le lendemain du prononcé de la sentence, le 29 septembre, il refusa de l'épouser, même si Augustin Cadet, convaincu par sa fille de leur amour mutuel, avait accepté de donner son autorisation à leur mariage. Les frères Rouffio payèrent donc la somme de 10 000 livres en dommages et intérêts au sieur Cadet. Pierre put sortir de prison et rentra en France puisqu'il avait été banni de la colonie.

Un des frères de Pierre, Joseph, ne se considérait pas battu pour autant. Il avait bien tenté mais sans succès d'aider son frère à s'enfuir de Saint-Nicolas, avant l'arrivée des archers de la maréchaussée. Malgré l'opposition de Jean, son frère aîné et tuteur, il résolut de faire la cour à celle que son jeune frère avait abandonnée. En gagnant son cœur et en l'épousant peut-être espérait-il récupérer les 10 000 livres versées par sa famille ? Toutefois, comme son frère Pierre, pour la marier il lui fallait abjurer sa foi, puisqu'un mariage mixte était impossible dans la colonie. Il se fit donc instruire dans la religion catholique. Cette décision de Joseph ne plut pas du tout à son frère aîné qui le mit à la porte de leur demeure, située rue Saint-Pierre à Québec. Joseph se réfugia chez le notaire Antoine Saillant, rue du Sault-au-Matelot, et continua à suivre ses instructions. Le 5 janvier 1755, il abjura sa foi devant le curé Joseph Récher de Québec. Son frère et tuteur Jean lui signifia alors qu'il voulait dissoudre la société de commerce qu'il avait avec lui, ce que contesta Joseph devant les tribunaux. Entre temps, malgré les tentatives de Jean d'obtenir un ordre de la prévôté de Québec, puis du Conseil supérieur, défendant à Joseph encore mineur de s'unir à Louise Cadet, ce dernier poursuivait son projet de mariage. Il lui restait un obstacle important à surmonter: se débarrasser de la tutelle de son frère aîné. Le 11 février 1755, Joseph se présenta devant le lieutenant civil et criminel de la prévôté de Québec, François Daine, afin d'obtenir l'autorisation de réunir ses principaux amis pour qu'un tuteur *ad hoc* lui soit attribué, puisque son frère Jean, protestant, ne pouvait plus l'être, déclara-t-il, lui étant à présent catholique. Le même jour, une assemblée de ses principaux amis fut convoquée. François Lemaistre dit Lamorille, arpenteur royal, fut choisi comme son tuteur *ad hoc*. C'est à ce titre qu'il accepta d'autoriser le mineur Joseph, âgé de vingt-quatre ans, à épouser Louise Cadet, âgée de dix-neuf ans. En présence du père de la mariée, du tuteur *ad hoc* et de ses amis, les marchands Jacques Larcher, François Landron, Louis Gosselin et Joseph Launier, de même que des oncles et tantes de Louise Cadet, le mariage fut célébré dans l'église Notre-Dame de Québec le 8 avril 1755. Dans le contrat de mariage en communauté de biens signé quelques semaines auparavant, le 20 mars 1755, Rouffio versait dans la communauté 3 333 livres des 8 000 qu'il déclarait posséder dans la société de commerce qu'il avait avec ses frères. Pour sa part, Louise Cadet apportait en dot les 10 000 livres d'indemnisation qu'elle avait reçues à la suite du procès pour rapt. En juillet de la même année, devant le désir de son frère Jean de le sortir de la société de commerce, Joseph s'en retira et reçut en dédommagement 2 000 livres, plus la somme de 16 000 livres provenant de sa part dans la société et de ses héritages après les décès de son père et de son frère Dominique. Quant à Jean, il ne digéra pas l'affront et l'acte de désobéissance de Joseph. Le 18 août 1755, il rédigea son testament et déshérita Joseph, comme l'édit d'Henri II de 1556 le lui permettait.

Joseph et Louise restèrent dans la colonie jusqu'à la Conquête. Le couple aura au pays trois enfants dont un mourra, le 8 septembre 1760, trois jours après sa naissance à Montréal où Joseph Rouffio, Louise et ses deux jeunes enfants s'étaient réfugiés après la prise de Québec par les Anglais en 1759. Joseph Rouffio passera ensuite en France en compagnie de sa petite famille. Ils se seraient fixés à Tours où nous perdons leur trace.

Jean avait déshérité son frère, car même si les parents et les tuteurs ne pouvaient empêcher le mariage de leurs enfants après l'âge de trente ans pour les garçons et vingt-cinq ans pour les filles, ils avaient le pouvoir de les priver des moyens de vivre selon leur rang social. Ils avaient même la possibilité de les déshériter, comme l'édit de 1556 leur en donnait le pouvoir. C'est aussi ce que feront en 1757 Jean-Baptiste Decoste et sa femme Marie-Renée Marchand dont l'« indigne fils aîné », Jean-Christophe, âgé de trente et un ans, épousa, malgré leur opposition, la veuve Marie-Josèphe Dumouchel, de huit ans son aînée. Sans le sou ou presque, celle-ci ne possédait que 109 livres et avait deux jeunes enfants à sa charge au moment de son remariage. Cependant, en 1767, lorsque Jean-Christophe rédigea son testament, il se rappela le refus de son père et l'ostracisme dont il fut l'objet de la part de ses parents et de ses frères et sœurs. Il laissera tous ses biens à sa femme. Le notaire Louis de Courville écrira, dans un acte rédigé à la demande de Jean-Christophe, déposé à son greffe et daté du 5 novembre 1767 : « Comme son père et sa mère l'ont déshérité et que ses frères et sœurs lui ont fait en différentes occasions des avanies et qu'il n'a pas sujet d'être content de leur conduite à son égard, il ne veut rien leur laisser. » Dans le testament du fils aîné Decoste annexé à ce document notarié, il ajoute : « Je suis maître de mon bien que je donne à mon épouse et je lui défends d'en donner à mon père et mère, frère et sœur et qu'elle garde tout pour elle, vu que je n'ai eu de chez nous rien quand je me suis marié, point de père à mon mariage… »

Les mariages entre Blancs et Amérindiennes

La disparité de culte n'était pas une raison invoquée souvent par les parents pour s'opposer au mariage de leur enfant, car les huguenots étaient peu nombreux dans la colonie. Par contre, les disparités culturelles et ethniques ont dû être avancées quelquefois. Au début de la Nouvelle-France, on encouragea les mariages entre Blancs et Amérindiennes pour accélérer le peuplement de la colonie, mais, assez vite, devant l'« amérindianisation » des Blancs, les autorités coloniales ne firent que les tolérer avant de les interdire totalement sous le Régime anglais. En 1774, l'évêque de Québec, Jean-Olivier Briand, signalait que le gouvernement britannique n'autorisait plus ces mariages, alors que jusqu'à la Conquête, sans oser les interdire complètement, le gouvernement français ne les encourageait pas. Les effets socioculturels engendrés par ce mélange des races déçurent à ce point les autorités politiques qu'on considéra ces unions comme dommageables pour les Canadiens et dangereuses pour le maintien de l'ordre dans la société. Avec sa répartition communautaire des biens et ses rapports égalitaires entre ses membres, la société amérindienne était perçue par les autorités coloniales et métropolitaines comme un danger pour la société européenne, fondée sur la hiérarchie et les privilèges sociaux et économiques qui s'y rattachaient.

De plus, alors qu'il aurait dû y avoir sédentarisation des Amérindiens et conversion à la religion des Blancs, le conjoint français semblait plutôt s'intégrer à la société amérindienne, comme le constatait en 1749 le botaniste Pehr Kalm dans son *Journal du voyage au Canada*:

> Chose curieuse, tandis que beaucoup de nations imitent les coutumes françaises, je remarque qu'ici, ce sont les Français qui, à maints égards, suivent les coutumes des Indiens, avec lesquels ils ont des rapports journaliers.

Les mariages interculturels furent peu nombreux. En tout, de 1644 à 1760, l'historienne Sylvie Savoie a trouvé seulement cent quarante-cinq unions officielles entre Blancs et Amérindiennes et très peu, soit trente-cinq, entre Blanches et Amérindiens. Toutefois, il y en eut certainement davantage. Ce petit nombre s'explique d'abord par le fait que ces mariages étaient en général peu avantageux pour les Européens ou Européennes sur le plan économique, et que les occasions de rencontre entre les deux groupes ethniques n'étaient pas si fréquentes. La majorité des unions entre Blanches et Amérindiens ont lieu avec des esclaves panis présents dans le voisinage. Par exemple, une Anglaise, servante de Guillaume de Lorimier, se maria à un domestique amérindien travaillant au même endroit. Jeanne Artault de Latour, fille de Pierre et d'une Amérindienne, Louise, épousa à Champlain l'Algonquin Pierre Aurasit dont elle aura, en août 1688, un fils baptisé Pierre. Marguerite Lafond, fille issue d'un mariage mixte, épousa à Batiscan un Amérindien habitant ce même lieu depuis longtemps. De leur côté, la plupart des mariages entre Blancs et Amérindiennes avaient la traite comme origine. C'étaient principalement des voyageurs, traiteurs, interprètes, engagés pour les Pays-d'en-Haut, soldats et officiers des troupes de la marine qui contractaient ces mariages.

Toutefois, à compter de la fin du XVIIe siècle, les parents ont commencé à réprouver les unions entre Européens et Amérindiens. Peu de Français encourageaient leurs enfants à épouser une Amérindienne. Particulièrement, on n'acceptait pas que ces unions viennent briser les stratégies familiales. C'est ce qui se passa pour Noël Jérémie dit La Montagne, commis de la traite à Tadoussac, et son épouse Jeanne Pelletier, lorsque leur fils mineur Nicolas, âgé de vingt-quatre ans, interprète et commis aux postes du Domaine du roi, maria en 1693, sans qu'ils le sachent et sans leur consentement, la Montagnaise Marie-Madeleine Tetesigaguoy. Devant cet état de fait, les parents s'adressèrent au Conseil souverain afin que ce mariage béni par le père jésuite François de Crespieul dans l'église Saint-Xavier, près de la rivière Chicoutimi, fût déclaré nul et invalide. D'ailleurs, les autorités ne s'expliquaient pas pourquoi le père de Crespieul avait consenti à les unir, lui qui, en 1675, avait suggéré à Mgr de Laval d'interdire tout mariage « d'un Français avec quelque sauvagesse sans le consentement des parents et l'approbation de Monseigneur ». Peut-être le père jésuite avait-il conclu que, dans ce cas-ci, c'était un moindre mal, puisque Nicolas et Marie-Madeleine vivaient en concubinage. Pour le missionnaire, il valait mieux régulariser cette union que de risquer par ce concubinage de montrer le mauvais exemple et de provoquer un scandale au sein de la communauté autochtone catholique de la région. Enfin, au printemps 1694, après que les parents eurent présenté au Conseil souverain l'acte de baptême de leur fils Nicolas, daté du 16 février 1669, attestant ainsi sa minorité, le mariage de Nicolas et Marie-Madeleine Tetesigaguoy fut annulé. Toutefois, les parents durent s'engager à entretenir l'épouse montagnaise de leur fils.

Comme le mariage de Nicolas avec Marie-Madeleine, la plupart de ces alliances matrimoniales entre Blancs et Amérindiennes se concluaient en dehors des grands centres, en périphérie, principalement dans les régions des Pays-d'en-Haut et du Domaine du roi par exemple, où ces couples demeuraient en grande majorité. D'ailleurs, on constate qu'au fil du XVIIe siècle, les autorités encouragèrent de moins en moins ces unions entre Français et Amérindiennes.

Les Français rencontraient les Amérindiennes lors de leurs voyages de traite ou pendant leurs séjours dans un des forts des Grands Lacs. Le contexte, le milieu géographique et l'adaptation des Français à la vie amérindienne permettaient ces échanges, puis ces unions. Nicolas Pelletier, dont nous avons parlé plus haut, n'était-il pas qualifié en 1706 dans le registre d'état civil de Tadoussac de « Français de nation et de mœurs sauvages » lors du baptême de la fille de son fils Charles, lui-même marié à une Montagnaise ? Lors de la comparution en 1714 devant le juge de la juridiction royale de Montréal du coureur des bois Michel Bisaillon, âgé de trente-huit ans, celui-ci déclara être parti pour le pays des Illinois il y a une quinzaine d'années avec la permission des autorités en compagnie de deux pères jésuites. Il ajouta s'y être marié d'abord avec une Amérindienne de la nation des Illinois et, à la suite du décès de sa femme, il épousa une Matchigamia qui mourra deux ans plus tard. Chacune de ces unions fut bénie par un missionnaire jésuite. Puis, le 30 juin 1710, il épousa à Détroit la fille de François Fafard dit Delorme, Marie-Marguerite, âgée de seulement quinze ans. En 1714, alors qu'il était venu rejoindre sa jeune épouse à Laprairie, il fut arrêté et traduit en justice sous l'accusation d'avoir « déserté » sans permission la ville et le gouvernement de Montréal, et être demeuré pendant plusieurs années dans les Pays-d'en-Haut. Il affirma au juge que, depuis son union avec « la Fafard », il ne s'était pas uni à d'autres « sauvagesses en face de notre mère la Sainte-Église ». Michel Bisaillon continuera par la suite à voyager dans les Pays-d'en-Haut et à faire du commerce. Il mourra dans les colonies anglaises en 1722. Sa femme, surnommée « la grande Bisaillonne », donnera naissance en 1723, 1725 et 1728 à trois enfants illégitimes avant de mourir à l'Île-Dupas, le 26 décembre 1728. Elle n'avait que trente-trois ans.

« Amérindianisation » des Européens selon Pehr Kalm, 1749

Afin que nous puissions nous déplacer plus rapidement, le gouverneur général Gallissonière a fait venir un des Sauvages de Lorette ; [...] Cet homme est d'origine anglaise, mais il a été fait prisonnier voilà trente ans par les sauvages de Lorette, alors qu'il était encore enfant et fut adopté par eux en remplacement de l'un des sauvages tué par l'ennemi. Il est toujours resté chez eux depuis cette époque ; a reçu l'instruction religieuse catholique, s'est marié avec une femme indigène du même village, s'habille maintenant comme les autres sauvages et parle bien l'anglais, le français et, en outre, plusieurs langues indigènes [...]. Il est également remarquable que la plus grande partie des prisonniers européens [...] qui ont été pris pendant les guerres et mêlés aux sauvages, surtout s'ils ont été pris dans leur jeune âge, n'ont jamais voulu revenir par la suite dans leur pays d'origine, alors même qu'ils avaient toute la liberté de le faire, résistant aux sollicitations de leurs plus proches parents, venus exprès pour les chercher. [...] Ces sauvages d'adoption s'habillent comme les indigènes et se sont conformés en tout aux sauvages, au point qu'il est difficile de les distinguer, si ce n'est qu'ils ont la peau et le teint légèrement plus blancs. On connaît également plusieurs exemples de Français qui ont volontairement épousé des femmes indigènes et ont adopté leur mode de vie.

(Jacques Rousseau et Guy Béthune, éditeurs, *Voyage de Pehr Kalm au Canada en 1749*, p. 726-727, Montréal, Pierre Tisseyre, 1977.)

Mais le métissage à l'époque ne se limitait pas seulement aux unions dites légitimes. Les pêcheurs, marins, traiteurs, interprètes, coureurs des bois, voyageurs et soldats profitaient de l'hospitalité amérindienne et de leur permissivité sexuelle avant le mariage pour avoir des rapports occasionnels avec les Amérindiennes. Chez elles, le sexe hors du mariage était loin d'être frappé d'interdit comme chez les Blancs. Selon Georges-Hébert Germain, auteur des *Coureurs des bois*, pour les Autochtones, les relations sexuelles faisaient partie de la bienséance élémentaire et des plaisirs les plus légitimes de la vie. Les femmes disposaient très librement de leur corps. De plus, bien que, lors des premières rencontres avec les Européens, elles aient trouvé les hommes blancs laids, parce que beaucoup trop poilus et barbus, elles se sont laissé approcher par eux et se sont vite aperçu qu'ils étaient plus prévenants que les hommes de leur propre race, les complimentant et leur offrant des cadeaux comme des bijoux et des vêtements. La plupart des hommes blancs vivaient quelque temps en concubinage avec ces « sauvagesses » avant de retourner dans le « pays colonisé ». Souvent, ils revenaient l'année suivante ; ils avaient ainsi avec elles des amours épisodiques pendant que leurs épouses blanches les attendaient dans la vallée laurentienne.

La liberté des mœurs sexuelles dans les forts des Pays-d'en-Haut, 1702

Si Sa Majesté veut sauver nos missions et soutenir l'établissement de la religion, comme nous ne doutons point qu'elle le veuille, nous la supplions très humblement de croire, ce qui est très véritable, qu'il n'y a point d'autre moyen de le pouvoir faire que d'abolir les deux infâmes commerces qui les ont réduites à la nécessité prochaine de périr et qui ne tarderont pas à achever de les perdre, s'ils ne sont au plus tôt abolis par ses ordres et mis hors d'état d'être rétablis. Le premier est le commerce de l'eau-de-vie; le second est le commerce des femmes sauvages avec les Français, qui sont tous deux aussi publics l'un que l'autre, sans que nous puissions y remédier, pour n'être pas appuyés des commandants qui, bien loin de les vouloir empêcher par les remontrances que nous leur faisons, les exercent eux-mêmes avec plus de liberté que leurs inférieurs et les autorisent tellement par leur exemple qu'en les regardant on s'en fait une permission générale et une assurance d'impunité qui les rend communs à tout ce qui vient ici de Français en traite, de sorte que tous les villages de nos Sauvages ne sont plus que des cabarets pour l'ivrognerie et des Sodome pour l'impureté, d'où il faut que nous nous retirions, les abandonnant à la juste colère de Dieu et à ses vengeances.

[...] Tout le service prétendu qu'on veut faire croire au roi qu'elles [les troupes] rendent se réduit à quatre principales occupations [...].

La première est de tenir un cabaret public d'eau-de-vie [...].

La seconde occupation des soldats est d'être envoyé d'un poste à l'autre par les commandants, pour y porter leurs marchandises et leur eau-de-vie [...].

Leur troisième occupation est de faire de leur fort un lieu que j'ai honte d'appeler par son nom, où les femmes ont appris que leurs corps pouvaient tenir lieu de marchandises et qu'elles seraient mieux reçues que le castor, de sorte que c'est présentement le commerce le plus ordinaire, le plus continuel et le plus en vogue. Quelques efforts que puissent faire tous les missionnaires pour [le] décrier et pour l'abolir, au lieu de diminuer, il augmente et se multiplie tous les jours de plus en plus; tous les soldats tiennent table ouverte à toutes les femmes de leur connaissance dans leur maison; depuis le matin jusqu'au soir, elles y passent les journées entières, les unes après les autres, assises à leur feu et souvent sur leur lit dans des entretiens et des actions propres de leur commerce qui ne s'achèvent ordinairement que la nuit, la foule étant trop grande pendant la journée pour qu'ils puissent l'achever, quoique souvent aussi ils s'entre-laissent une maison vide de monde pour n'en pas différer l'achèvement jusqu'à la nuit.

La quatrième occupation est celle du jeu qui a lieu dans les temps où les traiteurs se rassemblent [...].

Voilà, Monseigneur, les quatre seules occupations des garnisons que l'on a tenues ici pendant tant d'années [...]. »

(Lettre du jésuite Étienne de Carheil au ministre de la Marine, le 30 août 1702, dans R.B. Thwaites (dir.), *The Jesuit Relations and Allied Documents*, volume LXV, 1899, p. 192-200.)

Certains Blancs se sont mariés avec des Amérindiennes « à la façon du pays », en demandant leur main à leurs parents. Pour s'unir, il leur suffisait d'exprimer leur consentement devant témoins. Ensuite, ils vivaient ensemble tant et aussi longtemps que cette alliance convenait à l'un et à l'autre. Généralement, parce qu'elles allaitaient pendant deux ou trois ans, ces femmes amérindiennes avaient moins d'enfants que les femmes blanches. Quelquefois, un missionnaire de passage bénissait ce « mariage à la façon du pays », puis baptisait les enfants déjà nés de cette union, afin de « régulariser » la situation selon les normes européennes.

Les mauvaises mœurs et le mariage

Les mœurs dépravées ou la mauvaise réputation de la famille du fiancé ou de la fiancée ont aussi été des raisons avancées par les parents pour empêcher le mariage. Mentionnons le cas d'un jeune soldat, Étienne Chipault dit Beaufort. Celui-ci avait composé et dicté à François Jarret dit Beauregard, soldat de sa compagnie, un billet « magique ». La « magie » de ce billet consistait à avoir prétendument le pouvoir de « rendre dur » le sexe de celui qui le possédait dans sa poche. Arrêté avec Beauregard parce qu'il détenait, lui aussi, une copie de l'écrit magique dans sa culotte, le soldat Ignace Marenne dit Saint-Louis déclara au juge qu'il crut pendant un certain temps à son pouvoir. Quant à Étienne Chipault, il subit son procès et fut condamné le 30 mars 1699 à « être réprimandé de ses mauvaises mœurs en la Chambre » par le Conseil souverain, ce qui fut exécuté le jour même. Le lendemain, 1er avril, il était toujours dans les prisons royales de Québec lorsqu'on vint lui annoncer qu'à la suite de sa condamnation pour « mauvaises mœurs », les parents de celle qu'il aimait d'un amour fou étaient résolus à l'éloigner de leur fille. Désespéré, le cœur brisé, il tenta de se pendre en attachant une « grosse lisière », qu'il avait auparavant passée à son cou, à une tringle clouée au plafond de sa cellule. Mais la tige ne tint pas sous son poids, et il ne put réaliser son projet de s'enlever la vie. Surpris par le geôlier, il dut comparaître devant la justice qui lui fit un procès pour avoir tenté de s'enlever la vie. La vie étant chose sacrée sous le Régime français, « l'homicide de soi-même » était l'un des crimes les plus graves que l'on pouvait commettre. On punissait non seulement le cadavre de celui qui s'était enlevé la vie, mais aussi ceux et celles qui échouaient. C'est ainsi qu'après avoir subi son procès en première instance devant la prévôté de Québec et en appel devant le Conseil souverain pour avoir voulu s'enlever la vie, le soldat Chipault dit Beaufort, épris « d'une passion démesurée d'amour », fut trouvé coupable d'avoir voulu « s'homicider lui-même » et condamné par le Conseil à être « battu et fustigé nu de verges sur les épaules par l'exécuteur de la haute justice [le bourreau] dans les carrefours et lieux accoutumés de cette ville de Québec » où, à chacun, il recevra sept coups de fouet, au bannissement perpétuel de ce pays et à tenir prison jusqu'au départ du vaisseau dans lequel il sera renvoyé en France. En plus, il devra payer une amende de 50 livres au roi et verser une aumône de 50 livres au bureau des pauvres de la ville de Québec. Le bourreau Jean Rattier vint le même jour, vers trois heures de l'après-midi, le sortir de la prison. Il lui lia les deux mains, l'attacha à l'arrière de sa charrette et le conduisit à chacun des carrefours de la haute-ville et de la basse-ville de Québec. À la fin du XVIIe siècle, il y avait au moins trois carrefours où l'on fouettait les criminels. Chipault fit tout le trajet à pied derrière la charrette du bourreau, étant alors sans doute l'objet d'insultes et de quolibets de la part des citadins assemblés sur son passage. Une fois arrivé à l'un des carrefours, Rattier l'attacha à une roue de la charrette et, au moyen d'une poignée de verges de bouleau, il lui administra sur ses épaules dénudées les sept coups déterminés par la sentence. Il le conduisit ensuite aux autres carrefours de la ville et le fouetta de nouveau. En tout, Chipault dit Beaufort dut recevoir au moins vingt et un coups de fouet. Rattier le ramena ensuite à la geôle, où il dut attendre le départ du prochain navire qui le ramènerait en France.

Un amour impossible et incestueux, 1709

> Ayant pris jusqu'à présent toutes les précautions que nous avons cru nécessaires pour empêcher le commerce scandaleux qui s'entretient depuis longtemps entre le nommé Delorme, meunier de la paroisse de Notre-Dame-de-Foy, et la fille du nommé Poitras, sa cousine germaine, leur ayant fait défense sous de plus grandes peines de se fréquenter l'un l'autre; mais ayant appris que nonobstant notre défense, ce commerce incestueux

continue toujours et ne pouvant l'empêcher par la proximité que les parties sont les uns des autres, lesquelles s'abusent même par l'idée qu'elles forment d'obtenir une dispense de Monseigneur l'Évêque de cette ville [Québec] de contracter mariage ensemble et par là de faire légitimer le fruit qu'ils ont eu de cet abominable commerce, lequel mériterait sans cette vaine espérance d'être puni de la dernière peine; et pour cela étant nécessaire de les séparer tout à fait l'un de l'autre, à l'effet de quoi et pour y parvenir; nous bannissons la dite fille Poitras de l'étendue de ce gouvernement, ordonnons qu'elle ira demeurer à Montréal, défense à elle d'en sortir jusqu'à ce que Monseigneur l'Évêque de cette ville y soit de retour [Mgr de Saint-Vallier séjournera en France, puis en Angleterre de 1700 à 1713] à peine de prison; faisons aussi défense au dit Delorme de faire aucune demande pour se rapprocher d'elle sous la même peine de prison, et à toutes les personnes de quelque qualité et condition qu'elles soient de retirer et cacher la dite fille Poitras à peine de 50 livres d'amende;

Et sera la présente ordonnance publiée à la porte de l'église Notre-Dame-de-Foy au premier jour de dimanche ou fête, jour de messe paroissiale, à ce que personne n'en ignore.

Mandons et fait à Québec, ce 13 avril 1709.

Signé Raudot

(Archives nationales du Québec, extrait de l'ordonnance de l'intendant Jacques Raudot du 13 avril 1709.)

À d'autres occasions, la mauvaise réputation de la famille amenait les parents à s'opposer au mariage de leur enfant. C'est ce qui se passa en 1740 pour Jean-Baptiste Joubert, habitant de Sault-Saint-Louis qui voulait épouser Geneviève Gendron résidente de Châteauguay. Désirant se marier, Joubert et Gendron s'adressèrent au curé de Châteauguay pour qu'il bénisse leur union. Celui-ci refusa, comme le grand vicaire de Montréal devant qui ils se présentèrent par la suite, car les parents de Jean-Baptiste s'opposaient à son mariage avec «la Gendron», sous prétexte que celle-ci avait la réputation d'être «une fille de mauvaise vie». De fait, elle avait déjà donné naissance, le 18 février 1740, à une fille baptisée Marie-Anne dont le père «était un autre que leur fils», selon les parents. Il reste que Jean-Baptiste Joubert reconnaîtra l'enfant comme sien lors de son mariage avec Geneviève Gendron. De plus, les parents jugeaient déshonorant pour eux de voir leur fils s'allier à une famille dont une des filles, Marie-Anne, avait été condamnée en 1732 à être pendue pour avoir tué l'enfant dont elle venait d'accoucher clandestinement. Comme Geneviève et Jean-Baptiste n'avaient pas réussi à convaincre un prêtre de les unir, ils décidèrent de se passer de la bénédiction de l'Église et de vivre ensemble. Après avoir cohabité un mois à Châteauguay dans la maison de Jean-Baptiste et Marie-Anne Princeau, les parents de Geneviève, ils résolurent d'aller régulariser leur situation à Montréal. Ils avaient entendu dire qu'il était possible de se marier soi-même sans le recours d'un prêtre. Ils se rendirent à l'église paroissiale Notre-Dame et là, devant le tabernacle, alors qu'il n'y avait aucun prêtre à l'autel et seulement une autre personne dans le temple, ils déclarèrent à haute voix qu'ils se prenaient l'un et l'autre pour mari et femme. Se considérant désormais comme mariés, ils revinrent à Châteauguay où ils vécurent ensemble comme mari et femme au grand dam de tous les paroissiens. Le curé du lieu essaya plusieurs fois de les engager à se séparer mais sans succès, car Jean-Baptiste et Geneviève se considéraient comme officiellement unis devant Dieu. Finalement, afin de mettre fin au scandale, le 28 janvier 1741, le curé les maria dans son église paroissiale de Châteauguay. En plus de Marie-Anne, née avant le mariage, le couple aura six autres enfants.

Les autorités coloniales, les parents et le mariage

Il est même arrivé que, malgré l'intervention du curé et l'amour que se manifestaient les amants, certains parents aient refusé leur autorisation au mariage de leurs enfants et que les autorités coloniales aient dû intervenir pour conclure l'union. C'est le cas du mariage de Françoise Guay et Joseph Lemieux, à Québec à l'été de 1736. Marie-Françoise Guay, une résidante de la Pointe de Lévy, fréquentait depuis un certain temps un habitant de sa paroisse, Joseph-Marie Lemieux, veuf depuis trois ans d'Angélique Morin, décédée quatre jours après avoir donné naissance à son premier enfant, mort le lendemain de sa naissance. Les deux désiraient se marier, mais le père de Marie-Françoise, Michel Guay, s'y opposait. Devant son obstination à toujours refuser que sa fille s'unisse à Joseph-Marie Lemieux, celle-ci se sauva de la résidence familiale et alla se réfugier chez ses cousins qui ne comprenaient pas l'opposition de leur oncle. Ils essayèrent de le convaincre, mais comme celui-ci refusait d'entendre raison, ils s'adressèrent à l'intendant Hocquart afin qu'il intervienne. Le 21 juillet 1736, les cousins se présentèrent devant ce dernier et lui exposèrent leurs arguments en faveur du mariage. Ils déposèrent que leur oncle n'avait aucune raison valable de ne pas accepter le mariage de sa fille avec Joseph Lemieux. Celui-ci, déclarèrent-ils à l'intendant, « est un homme sage, aisé et laborieux qui a une bonne terre ». Il est « bien bâti » et sa « famille est sans reproche ». Selon eux, le mariage entre les deux amants est « sortable et avantageux ». Après avoir entendu cet avis et celui de son procureur du roi, Nicolas-Gaspard Boucault, l'intendant conclut qu'il devait autoriser Marie-Françoise Guay, mineure de vingt-trois ans et demi, à épouser l'habitant Joseph-Marie Lemieux, âgé de trente-deux ans. Toutefois, afin de respecter l'autorité du père de la future mariée, il demanda à Marie-Françoise de lui présenter les trois sommations respectueuses habituellement requises avant de permettre l'union de deux fiancés. Elle fit comme le lui avait prescrit l'intendant, mais elle ne réussit pas à faire changer son père d'avis. Le 30 juillet 1736, après avoir obtenu une dispense du vicaire général Miniac pour se marier hors de leur paroisse, Marie-Françoise Guay et Joseph-Marie Lemieux s'unirent devant Dieu à l'église Notre-Dame de Québec. Le couple ira s'établir sur la terre du mari à la Pointe de Lévy (Lauzon) où onze enfants naîtront. Cinq décéderont en bas âge.

Également, l'intendant dut intervenir pour autoriser le mariage du forgeron et taillandier André Corbin avec Marie-Charlotte Rainville. En 1706 à Québec, Corbin désirait épouser Marie-Charlotte, toutefois ses deux parents étant décédés, son père en 1684 et sa mère en 1700, il devait obtenir l'autorisation de sa tutrice, sa grand-mère maternelle, la veuve de Pierre Parent, Jeanne Badeau, car il était mineur, n'ayant que vingt-trois ans. Or, celle-ci s'opposait à son mariage avec « la Rainville » à qui André Corbin avait déjà fait un fils en 1704 et qui, au début de 1706, enceinte de cinq mois, attendait un autre enfant. De son côté, le curé de Québec aurait aimé les marier, car il désirait mettre fin au scandale que ses deux jeunes paroissiens causaient. De plus, comme ils semblaient s'aimer, ils voulaient qu'ils cessent de vivre dans le péché. Il était donc prêt à les unir, mais pour cela, il lui fallait convaincre la grand-mère, la veuve Parent. Un dimanche de janvier 1706, après la messe paroissiale, il se rendit donc chez elle. Pendant trois heures, il l'entretint de la nécessité de marier son petit-fils André à Charlotte Rainville. D'abord elle accepta, lorsqu'il lui dit qu'il les unirait dans le secret le lendemain à quatre heures du matin. Elle promit de lui faire parvenir sa bénédiction le soir même. Mais quand vint le temps d'autoriser le mariage de son petit-fils, elle revint sur sa décision et fit plutôt savoir au curé qu'elle s'y opposait toujours. Dépité, le prêtre écrivit à l'intendant Jacques Raudot pour lui exposer la situation. Le 24 janvier 1706, il obtint l'autorisation de l'intendant d'unir les deux jeunes amants « sans s'arrêter » à l'opposition de la tutrice et grand-mère maternelle. Deux jours plus tard, le 26, le forgeron André Corbin épousait Marie-Charlotte Rainville dans l'église Notre-Dame de Québec. Le 31 mai de la même année, une fille, baptisée Marie-Louise, naissait. Le couple aura neuf autres enfants, dont quatre feront souche dans la colonie.

Un huissier s'endette pour marier celle qu'il aime

Pour d'autres amants qui mouraient d'amour et de désir pour leurs belles, ce n'est pas l'opposition des parents qui empêchait la réalisation de leur union, mais plutôt le manque de moyens financiers. C'était le cas de l'huissier André Duval qui, à quarante-six ans, était encore célibataire. Or, en 1698, il semblait avoir enfin trouvé l'âme sœur, une jolie femme de quarante ans, Anne Jousselot, veuve en secondes noces de Toussaint Dubeau, et mère de six enfants mineurs dont l'âge variait entre neuf et dix-sept ans. Ces nombreux enfants ne paraissaient pas rebuter un « vieux garçon » comme Duval. Il était décidé à épouser la veuve Jousselot. Toutefois, son métier d'huissier, peu lucratif, lui permettait à peine de vivre. De plus, depuis deux ans il avait peu travaillé, ayant été malade. Il avait même dû être hospitalisé pendant plus d'un an, d'avril 1696 à mai 1697, à l'Hôtel-Dieu de Québec. Sans ressources ou presque, mais brûlant d'amour pour Anne qui portait déjà son enfant, il réussit à convaincre un habitant du nom de Philippe Gazellier de lui prêter la somme de vingt livres « pour payer ses noces ».

Grâce à ce prêt, le 21 juillet 1698 dans l'église de Charlesbourg, il épousait la veuve Jousselot. Six mois plus tard, le 17 janvier 1699, sa femme donnait naissance, à l'âge de quarante et un ans, à un fils baptisé Jacques. Celui-ci ne vivra que neuf mois, il sera enterré à Charlesbourg le 17 octobre 1699.

Très heureux avec sa veuve et ses six enfants, Duval ne pensait plus à la dette qu'il avait contractée jusqu'au moment où son créancier vint lui réclamer le paiement de son prêt. Incapable d'honorer sa dette, Duval fut amené par Gazellier devant le tribunal seigneurial de Notre-Dame-des-Anges où il reconnut lui devoir la somme de 20 livres. Il fit valoir au juge et au créancier qu'il n'était pas en état de rembourser son emprunt immédiatement. Il leur demanda et obtint un délai jusqu'à la fête de sainte Anne à la fin juillet. Entre temps, malade encore une fois, il dut entrer le 24 juin 1699 à l'Hôtel-Dieu de Québec où il mourut une semaine plus tard, le 2 juillet. Nous ignorons si sa veuve honora la dette de son défunt mari. Elle attendra treize ans avant de se remarier à Charlesbourg à Jean Marenda, le 13 juin 1712.

Exhortations du curé aux époux lors de leur mariage, 1703

> L'époux et l'épouse étant dans la nef de l'église, le curé [...] se rendra au même lieu [...] et là, en présence des parents et des témoins au nombre de deux ou trois au moins, il fera l'exhortation suivante.
>
> [...]

Vous devez prendre garde à la concupiscence et la modérer, vous devez prendre garde de ne pas la faire régner dans vos cœurs et dans vos actions par des excès contraires à la pudeur et à la modestie chrétienne. Si vous êtes bien convaincus de ces obligations, vous prendrez garde de mêler avec les cérémonies saintes que nous ferons les réjouissances des enfants du siècle, de peur que par ces désordres votre alliance ne devint une de ces alliances funestes à la religion et à ceux qui les contractent. Nous espérons que Dieu bénira celle que vous allez faire. Nous joindrons nos prières aux vôtres, et après vous avoir fait recevoir ce sacrement, nous offrirons pour vous le saint sacrifice de la messe, afin que votre mariage soit saint et honnête en toute chose.

[...]

La messe finie, le curé pourra parler aux nouveaux mariés en ces termes.

Vous remercierez Dieu de la grâce que vous avez reçue et tâcherez de la conserver avec beaucoup de soin, ne vous laissant point aller en ce jour, qui doit être particulièrement un jour saint pour vous, aux vains divertissements du siècle. Prenez garde que le démon n'excite, à l'occasion de vos noces, à faire quelque chose qui soit contraire à la pudeur, à la sobriété et aux bonnes mœurs. Veillez sur vous et usez si saintement du mariage que vous n'y recherchiez point le plaisir des sens mais la sainte production des enfants qu'il plaira à Dieu de vous donner, vous souvenant du conseil salutaire que l'apôtre donne aux personnes mariées, de se séparer quelquefois pour vaquer plus librement à la prière, principalement aux jours de pénitence, comme sont les jours du carême et les autres jours de jeûne de l'année, aux grandes solennités et aux temps de vos communions, afin que vos cœurs étant purifiés de toute affection charnelle et terrestre puissent s'élever à Dieu avec plus de liberté. Si vous en usez ainsi, et que Dieu soit aimé et bien servi dans votre famille, j'espère qu'il comblera vos personnes et votre mariage de ses plus saintes bénédictions. Je le supplie de vous les accorder par les mérites de Notre-Seigneur Jésus-Christ, et par l'intercession de la très sainte Vierge, de saint Joseph, son époux.

Lorsque les mariés auront eu des enfants avant leur mariage et qu'ils voudront [les] faire légitimer, on les mettra dans un endroit particulier sous le voile avec l'époux et l'épouse, et le prêtre dira :

Deus, qui peccatoribus ad te recurrentibus perennes misericordiae tuae fontes aperis, conceptum animo praesentium conjugum dolorem propitius...

(Extraits du *Rituel du diocèse de Québec publié par l'ordre de Saint-Vallier, évêque de Québec,* Paris, 1703, p. 349-358.)

La sexualité conjugale

Souvent, le temps des amours finissait avec le mariage, ce qui ne veut pas dire que les Canadiens n'étaient jamais amoureux de leur conjoint ou conjointe, mais la passion s'affaiblissait fréquemment après les premières années. Le travail, les enfants dont il faut s'occuper et la routine quotidienne faisaient en sorte que le temps des amours et des caresses était révolu, car comme le disait un proverbe provençal, « quand la faim est à la porte, l'amour s'en va par la fenêtre ». De plus, le labeur physiquement harassant de l'aube à la tombée de la nuit, qu'exigeait la ferme par exemple, laissait peu d'énergie pour l'accouplement amoureux. À ces contraintes directes exercées sur la sexualité matrimoniale, ajoutons les abstinences sexuelles conseillées par l'Église les dimanches, pendant les jours saints et le carême, soit au total une centaine de jours où on recommandait aux couples de se priver d'avoir des relations. Il n'est pas sûr cependant que les fidèles aient suivi ces conseils parfaitement.

Pour plusieurs auteurs du XVIIe siècle, la passion amoureuse n'était pas indispensable au mariage. Quelquefois, elle pouvait même lui être contraire, car les époux devenaient soumis à ses caprices. Pour eux, le mariage devait d'abord être fondé sur une affection raisonnable et sur ce qu'ils pouvaient attendre l'un de l'autre. On percevait le mariage comme une sorte de société d'entraide où les sentiments venaient en second. Beaucoup de gens bien pensants, comme Montaigne à la fin du XVIe siècle, concevaient qu'un bon mariage devait refuser la compagnie et les conditions de l'amour, le mot « amour » désignant ici la sexualité. Il devait plutôt essayer d'avoir celles de l'amitié. On écrivait que la sexualité ardente était dangereuse pour la femme mariée qui pouvait y prendre trop goût. Pour le mari, cela ne semblait pas avoir d'importance, car on ne le mentionnait pas.

Le but premier du mariage étant la procréation, il ne pouvait être un remède à la concupiscence qu'en second lieu. Dans son *Rituel* de 1703, Mgr de Saint-Vallier conseillait à ses curés de rappeler aux nouveaux mariés, à la fin de la messe suivant la célébration de leur mariage, de « veiller l'un sur l'autre et d'user si saintement du mariage qu'ils ne recherchent point le plaisir des sens, mais la sainte production des enfants qu'il plaira à Dieu de leur donner ». L'évêque de Québec recommandait aussi aux époux qui demandaient à faire bénir leur lit nuptial de se rappeler que leurs « corps sont les temples du Saint Esprit » et qu'ils ne devaient y toucher que « comme à des vases sacrés, c'est-à-dire avec modestie et pudeur ». « Souvenez-vous, ajoutait-il, que votre lit nuptial sera un jour le lit de votre mort, d'où vos âmes seront enlevées pour être présentées au Tribunal de Dieu, pour y recevoir le terrible châtiment des sept maris de Sara, si vous vous rendez comme eux esclaves de votre chair, de vos passions et de votre concupiscence. » Contrairement à ce qui se passait en France, cette bénédiction se déroulait avant le dîner « afin que la modestie y soit gardée de telle manière, écrit encore l'évêque de Québec, que rien ne s'y fasse contre la sainteté de cette cérémonie », ce qui pouvait se produire si les convives avaient eu le temps de consommer des boissons et du vin.

La sexualité conjugale demandait donc un contrôle strict de la passion sexuelle. Les rapports entre les époux devaient être modérés, contrôlés et exécutés en vue de la procréation. La position recommandée était celle où le mari se trouvait au-dessus de la femme ; celle-ci devait rester couchée sur le dos sans trop bouger, tandis que l'époux implantait sa semence.

Il appartenait ensuite au mari d'assurer la jouissance de sa compagne, car les auteurs laïques de l'époque considéraient que même si la semence féminine était de moindre importance, elle était utile pour la formation du fœtus. L'orgasme féminin était donc nécessaire au succès de la procréation. On écrivait alors que le « germe féminin » mêlé à celui du mâle formait un enfant parfait. Nicolas Venette, médecin français du XVIIe siècle, notait dans *Tableau de l'amour conjugal considéré dans l'état du mariage* (1686), le seul traité médical sur la sexualité conjugale existant à l'époque, que c'était « la meilleure façon pour faire de beaux enfants, sains et vigoureux ».

Encore au début du XIXe siècle, dans un texte rédigé à l'intention des prêtres québécois, « Instructions à faire aux personnes le jour de leur mariage », et cité par l'historien Serge Gagnon dans son ouvrage *Plaisir d'amour et crainte de Dieu* (1990), l'Église recommandait aux époux la même position :

> La manière ordinaire dont l'homme doit approcher sa femme, c'est qu'elle soit dessous et lui dessus. Les autres postures sont défendues parce qu'elles ne sont pas aussi commodes pour décharger dans le corps de la femme. Vous ne prendrez d'autres postures que quand vous ne pourrez faire autrement.
>
> [Puis le prêtre s'adressant à la jeune épouse lui dira :] Comme vous pécheriez mortellement, si vous empêchiez la conception, vous devez bien prendre garde de ne jamais laisser perdre la semence, et pour cela, lorsque vous consommez l'acte de mariage, vous devez vous mettre sous votre mari. Si pour quelque infirmité, vous étiez

> obligée de prendre une autre posture, vous devez, avant de le faire, consulter votre confesseur s'il est possible, et si vous n'avez pu le consulter, lui en parler le plus tôt possible.

Jusqu'à quel point, cependant, ces recommandations ont-elles été suivies par les époux ? On l'ignore, cependant on peut vraisemblablement penser que l'acte sexuel se déroulait très souvent dans la plus grande simplicité sans trop de préliminaires et de fantaisie, les « agréments » n'étant pas très bien vus. On considérait qu'ils étaient l'affaire des prostituées. À ce propos, dans les « Instructions... » on disait aux femmes : « Vous ne devez vous permettre de touchers impurs qu'autant que c'est nécessaire à votre mari pour rendre le devoir. » On gardait ses vêtements et comme chez les gens du commun on ne portait pas de caleçon, la plupart du temps on allait rapidement à l'essentiel.

Généralement, l'homme prenait l'initiative et menait les « opérations », lui étant actif et la femme, passive. Aussi, on apprenait à œuvrer en silence à cause des enfants qui dormaient près des parents. Toute « l'affaire » était expédiée en quelques minutes. Dans les conseils prénuptiaux que le prêtre destinait à l'homme au début du XIXe siècle, il est écrit dans les « Instructions... » :

> Il vous est permis de fréquenter votre épouse dans tous les temps. Mais vous pourriez être surpris ou aperçu dans le jour, vous ne devez le faire que dans la nuit, afin de n'être point vu ou entendu, car ce serait un péché pour vous.

D'ailleurs, souvent à l'occasion de la réception du sacrement de pénitence, les autorités religieuses recommandaient au mari et à la femme la modération dans l'acte conjugal, assurant ainsi, selon elles, des conditions optimales de procréation. Quelquefois, elles allaient même jusqu'à suggérer la fréquence des relations, les jeunes couples étant autorisés à davantage de rapports par semaine que les plus âgés. Toutefois, selon l'opinion générale, les couples devaient s'abstenir de relations sexuelles pendant certaines périodes : durant les règles, la grossesse et l'allaitement. On croyait que les rapports pendant l'allaitement empoisonnaient le lait en plus de lui donner mauvais goût. Cependant, afin d'éviter que le mari ne tombe dans le péché en se livrant à la masturbation ou en allant assouvir ses pulsions sexuelles ailleurs, l'Église ne s'opposait pas aux relations charnelles durant la grossesse. Toutefois, au début du XIXe siècle, elle conseillait aux maris qui « fréquenteront » leur femme pendant la grossesse de les traiter « avec beaucoup de ménagement à cause de son fruit ».

Fréquemment, la femme qui, avant le mariage, était l'objet de l'attention et de l'amour – on disait à l'époque de l'« amitié » – de son prétendant devenait une fois mariée l'esclave de son mari. Celui-ci étant en droit d'exiger d'elle du plaisir, souvent par la force et les coups si nécessaire plutôt que par amour. Selon les enseignements de l'Église, la femme était soumise à son mari. Le curé de la paroisse Notre-Dame de Montréal, Antoine Déat, ne déclarait-il pas le 2 mai 1751 dans un sermon qu'elle devait « avoir pour lui une charité prévenante, charité qui l'oblige à aller au-devant de ce qui pouvait lui faire plaisir, [...] à lui céder dans toutes les occasions»? L'Église en cela était appuyée par l'ensemble de la société. En effet, celle-ci considérait la femme qui se refusait à son mari comme responsable si son conjoint allait voir ailleurs. Elle était considérée comme coupable de l'inconduite sexuelle de son époux.

La femme mariée avait l'obligation morale et religieuse d'autoriser son mari à accéder à son corps. «Vous devez en tout temps rendre à votre mari l'acte de mariage lorsqu'il vous le demande», peut-on lire dans le texte des «Instructions...». Concrètement, cela signifiait que la femme avait peu de recours contre les grossesses à moins que son mari n'acceptât de pratiquer l'abstinence ou une forme de contraception comme le coït interrompu, la masturbation mutuelle, etc. Encouragés qu'ils étaient par l'idéologie nataliste de l'État et par leurs convictions chrétiennes sur le devoir des époux, peu de couples, semble-t-il, pratiquaient la contraception. Il suffit de constater les grossesses nombreuses et répétées des femmes mariées aux XVIIe et XVIIIe siècles dans la vallée laurentienne. Pourtant, les dangers de mourir lors de l'accouchement ou à la suite des fièvres post-partum étaient bien connus: une femme sur dix en mourait, mais cette mortalité maternelle ne semble pas avoir eu un effet restrictif.

De l'amour aux coups

Concrètement, regardons vivre un couple au XVIIIe siècle. Voyons comment la vie conjugale de Joseph Brouillet et Agathe Marsan, s'est déroulée. Elle semble avoir bien commencé à Pointe-aux-Trembles, près de Montréal. Joseph était l'aîné d'une famille de onze enfants. Âgé d'une vingtaine d'années et sachant qu'il ne pourrait compter sur ses parents pour s'établir, il s'engagea comme voyageur auprès du marchand «équipeur» Louis-Joseph Lemarchand, sieur de Lignery, en vue d'amasser l'argent nécessaire à l'acquisition d'une terre et à son mariage éventuel. Pendant deux ans, chaque printemps en 1726 et 1727, à l'exemple de son père Gilles, il partit pour les Pays-d'en-Haut à bord d'un canot chargé de marchandises de traite et de vivres, et en revint chaque automne ou l'année suivante avec une embarcation remplie de ballots de fourrures.

Pour sa part, Agathe Marsan, orpheline de père et de mère, avait été placée en 1728, alors qu'elle n'avait que seize ans, avec sa jeune sœur Anne, âgée de douze ans, et son frère de quatorze ans, Jean-Baptiste, sous la tutelle de leur vieil oncle paternel de soixante-dix-huit ans, Gilles Marin. Lorsque Joseph Brouillet, qui avait réussi par ses voyages à amasser un certain pécule, le sollicita afin d'obtenir l'autorisation de fréquenter Agathe et que, quelques mois plus tard, il lui demanda la main de sa nièce, c'est avec bonheur que Marin accepta. Il était bien heureux de se départir ainsi d'une bouche à nourrir en sachant que, désormais, le mari d'Agathe veillerait sur elle. Dans sa famille, Joseph était le premier à se marier. Agathe constituait un parti intéressant pour lui puisqu'elle était l'héritière du tiers de la terre familiale située sur le bord du fleuve Saint-Laurent à Pointe-aux-Trembles. Le 8 août 1729, Joseph et Agathe se marièrent dans cette paroisse. Dès le printemps suivant, afin de s'établir,

Brouillet vint réclamer auprès du tuteur, Gilles Marin, la part d'héritage de sa femme. De plus, il loua pour trois ans les portions de la terre de trois arpents de front sur quarante et un de profondeur que le frère d'Agathe, Jean-Baptiste, et sa sœur Anne avaient obtenues en héritage. Ces derniers étaient encore trop jeunes pour en jouir. C'est ainsi qu'à compter de Pâques 1730, Agathe et Joseph s'installèrent dans la maison où la jeune mariée avait été élevée. Ils prirent possession de la grange, de l'étable, d'une charrue et de tous les animaux, soit deux bœufs, deux vaches et deux chevaux. En retour, ils s'engagèrent à verser à Anne et à Jean-Baptiste la moitié des grains récoltés sur leur portion de terre. Et pendant que Joseph s'affairait à mettre en valeur l'exploitation agricole, la jeune Agathe, âgée de seulement dix-sept ans, s'occupait des animaux et de la basse-cour. Apparemment, ils vécurent les premières années de vie conjugale dans l'harmonie et le travail ardu. Puis, après deux ans de mariage, Agathe devint enceinte. Elle donna naissance à un premier enfant, un fils baptisé Joseph, le 23 mai 1732. À compter de cette date, en plus de continuer à s'occuper de la ferme, elle sera pendant vingt-deux ans continuellement en train d'allaiter un enfant ou d'en porter un. Elle aura treize enfants dont sept des huit derniers mourront avant d'avoir atteint leur septième mois de vie.

Aux conditions difficiles dans lesquelles vécut Agathe pendant les vingt-cinq premières années de mariage: grossesses répétées, allaitement, éducation des enfants, travail sur la ferme s'ajoutèrent alors les insultes, telles « bougresse de gueuse », « bougresse de putain», et les coups de son mari, qui commença à ce moment à avoir de graves problèmes d'alcool. Durant trois ans, en plus d'endurer patiemment les injures et les violences physiques de son mari, elle sera privée ainsi que ses enfants de l'essentiel pour vivre, ce qui l'amena à quêter son pain chez les voisins et ses parents pour nourrir les siens. Mais en décembre 1755, n'en pouvant plus, elle s'adressa à la justice royale de Montréal pour obtenir une séparation de corps et de biens. En mai 1756, elle chargera un praticien d'écrire pour elle au juge Guiton de Monrepos:

> C'est avec la plus extrême douleur qu'elle se voit obligée de révéler au grand jour et la mauvaise conduite et les dérèglements de son mari. Plût au ciel qu'elle ne fût pas réduite à cette nécessité et qu'elle pût couler avec un mari qu'elle aime des jours sereins et tranquilles. Mais si, d'un côté, l'amour qu'elle a pour son mari la retient, d'un autre côté, la tendresse d'une mère pour ses enfants qui courent le risque d'être réduits ainsi qu'elle dans la plus extrême misère [l'amène à vous présenter cette requête...], dure [réalité] de se séparer d'avec son mari pour sauver ses propres enfants des malheurs qui les menacent et pour se soustraire aux effets de sa fureur.

Le tribunal procéda à une enquête et entendit des témoins. Toutefois, espérant que les choses puissent s'arranger entre les deux époux – Agathe Marsan avait déclaré qu'elle aimait toujours son mari –, le juge Monrepos fit traîner les choses. Mais au bout d'un an, les nouveaux sévices subis par Agathe la conduisirent à revenir devant le tribunal montréalais pour, une fois encore, demander la séparation de corps et de biens d'avec Joseph Brouillet. Une nouvelle enquête fut entreprise. Elle vint confirmer tout simplement la précédente. Enfin, le 28 décembre 1757, un peu plus de deux ans après le dépôt de la première requête, Agathe Marsan obtint une séparation de biens d'avec son mari, mais le juge lui refusa la séparation de corps. Un procès aussi long avec si peu de résultats ne put laisser à Agathe qu'un goût amer. Malgré les nombreuses dépositions de témoins selon lesquels Brouillet maltraitait son épouse, il semble qu'elle n'avait pu démontrer de façon satisfaisante pour le tribunal que les coups assénés par Joseph avaient dépassé le droit de correction modérée que tout mari possédait sur sa femme dans la société de l'Ancien Régime.

Les deux époux, maintenant séparés de biens, devaient encore vivre ensemble. Toutefois, après un an de cette vie commune particulière, l'inconfort de cette situation devenant chaque jour de plus en plus évident, Agathe se donna à son fils Jean-Baptiste qui la prit avec lui. Elle y demeurera jusqu'à sa mort le 5 mai 1786.

Quant à Joseph Brouillet, il vécut séparément de sa femme et de ses enfants dans des conditions matérielles et psychologiques probablement assez difficiles, tant à Pointe-aux-Trembles, chez son fils Jean-Baptiste, qu'à Montréal et à Longue-Pointe où, à l'âge de cinquante-neuf ans, usé par l'alcool, il mourut le 22 janvier 1766, vingt ans avant sa femme. Deux ans auparavant, il avait donné sa terre à tous ses enfants et gendres déclarant qu'il se trouvait « dans un âge avancé et infirme ». Telle est la fin de vie difficile d'un couple dont les conjoints pourtant, dans les premières années, paraissaient s'être aimés. Après vingt-sept ans de mariage, au moment où elle demanda une séparation de biens et de corps, l'épouse n'affirma-t-elle pas toujours aimer son mari ? Mais il semble que, pour elle, l'amour et la protection de ses enfants aient été plus forts que les sentiments qu'elle aurait pu avoir encore pour son époux devenu violent.

Un mariage forcé

Mais tous les couples mariés ne s'aiment pas ainsi au début de leur mariage. Il se peut que certains aient été forcés par leurs parents à s'unir, comme nous l'avons vu précédemment. Pour plusieurs jeunes femmes à peine pubères, par exemple, les premières années de mariage, en particulier les premières relations sexuelles, n'étaient pas toujours une période heureuse. Dès les débuts de l'union, le mariage se transformait alors en un véritable cauchemar.

Au commencement des années 1670, malgré l'arrivée des « filles du roi », les femmes en âge de se marier étaient rares. Dans la colonie, on ne trouvait qu'une seule femme nubile pour quatre hommes aussi en âge de se marier. Avec comme conséquence que, dès qu'une jeune fille atteignait l'âge minimum autorisé par l'Église, soit douze ans, elle était convoitée par des immigrants désireux de convoler en justes noces et de s'établir dans la colonie.

En règle générale, en Nouvelle-France les filles étaient un fardeau économique pour les parents. Ceux-ci cherchaient donc toujours à les caser le plus vite possible. Un proverbe provençal décrivait bien cette situation: «Le bien vient quand le garçon naît, le bien s'en va quand naît la fille.» En effet, les garçons étaient les bienvenus dans la famille. Ils valaient surtout parce qu'ils représentaient une force de travail supérieure à celle de la fille. On cherchait à les garder le plus longtemps possible auprès de soi. Ils aidaient le père dans ses travaux à la ferme, et quand celui-ci vieillissait et avait de la difficulté à s'occuper de sa terre, il comptait sur ses garçons pour prendre en charge l'exploitation familiale, continuer la lignée, assumer son entretien, celui de sa femme et de ses frères et sœurs encore à la maison. La fille ne valait que par le gendre qu'elle était susceptible d'amener dans la famille.

Citons le cas, à Trois-Rivières, du Poitevin Jacques Bertault, maçon, et de sa femme la Normande Marie-Gillette Banne. En 1670, ils avaient deux filles à marier, Suzanne, quatorze ans, et Isabelle, douze ans. Suzanne avait déjà un prétendant, Jean Liesse, qu'elle épousera le 24 septembre 1671. Il ne restait plus qu'à caser Isabelle. Or, parmi les connaissances de la famille, il y avait un immigrant originaire de La Rochelle du nom de Julien Latouche. Arrivé en Nouvelle-France assez jeune, il avait passé une bonne partie de sa jeunesse à faire la vie et à boire, si bien qu'ayant atteint l'âge de trente ans, il était disposé à se marier. Le 18 mai 1670, il avait obtenu une concession, et, en plus, Mme de Lafontaine lui avait confié la gérance de sa terre, ce qui pouvait lui rapporter un revenu intéressant. Aux yeux du père d'Isabelle, tout cela en faisait un bon parti. Le mariage fut arrangé entre les deux hommes, Jacques Bertault et Julien Latouche, sans que ni Isabelle ni sa mère aient été consultées. Elles n'eurent d'autre choix que d'accepter la décision du père qui, sur le plan légal, avait autorité sur la fille et la mère. La jeune Isabelle se maria avec Julien Latouche le 12 août 1671. Toutefois, Isabelle n'avait aucune affection pour ce Rochelais de dix-huit ans son aîné, déclara-t-elle au juge de la prévôté de Québec lors de son procès. Elle l'épousa contre son gré, forcée par son père, et alla vivre avec lui. Et même si « elle ne l'aimait pas », comme elle l'affirma au juge, pour accomplir son devoir de bonne épouse, elle se laissa « connaître charnellement quelquefois mais pas autant qu'il le souhaitait », n'ayant aucun penchant pour lui. Son mari était un paresseux, selon les parents d'Isabelle, et s'adonnait à la boisson, en plus de la battre continuellement. Le couple avait beaucoup de difficultés à joindre les deux bouts et, souvent, n'avait rien à manger. Jacques Bertault devait fréquemment les aider en leur envoyant de la nourriture ou en amenant sa fille chez lui. Devant cette situation déplorable, se sentant sans doute coupables d'avoir placé leur fille dans les bras de cet homme, les parents d'Isabelle décidèrent de se débarrasser de Latouche. D'autant plus que, malgré les remontrances incessantes de Bertault, il n'arrêtait pas de battre leur fille. Comme la plupart du temps Gillette Banne et son mari devaient le nourrir, celle-ci tenta d'empoisonner son gendre. Elle mit dans sa soupe une herbe que, selon elle, l'on donnait aux cochons pour les faire mourir. Le lendemain, ne voyant aucun effet sur Latouche et craignant toujours pour la vie de sa fille, Gillette se rendit dans la grange où ce dernier se trouvait. Elle profita d'un moment d'inattention de sa part pour se saisir d'une houe (pioche à lame large) qui était à sa portée et lui en asséna un coup sur la tête. Latouche perdit l'équilibre un instant, et Jacques Bertault qui entrait alors dans le bâtiment saisit cette occasion pour reprendre l'instrument aratoire des mains de sa femme et compléter le travail amorcé par son épouse. Isabelle, qui accompagnait son père, assista silencieuse à l'assassinat de son mari. Par la suite, elle aida ses parents à traîner le corps de Latouche jusqu'à la rivière où ils le jetèrent.

Un voisin découvrit rapidement le meurtre, et les trois Bertault furent arrêtés, traduits en justice devant la prévôté de Québec, puis trouvés coupables d'avoir assassiné Julien Latouche. Jacques Bertault, Gillette Banne et leur fille Isabelle furent condamnés en appel devant le Conseil souverain à être conduits par le bourreau Jacques Daigre devant la porte de l'église Notre-Dame de Québec où, nus en chemise, la corde au cou, à genoux et une torche ardente à la main, ils devront demander pardon à Dieu et au roi des crimes commis. Puis, dans un deuxième temps, le maître des hautes œuvres les amènera à la grande place de la haute-ville de Québec où Jacques Bertault subira le supplice de la roue. Couché et attaché sur une croix de Saint-André dressée sur l'échafaud, l'exécuteur de la haute justice l'étranglera avant de rompre d'un coup de barre de fer les bras et les cuisses du condamné. Ensuite, son corps sera placé sur une roue de charrette sur le « Cap aux diamants au lieu ordinaire pour y servir d'exemple ». Quant à sa femme,

Gillette Banne, après avoir assisté à l'exécution de son mari, elle sera amenée par le bourreau à la potence élevée à côté de la croix de Saint-André pour y être pendue. À cause de son jeune âge – Isabelle n'avait que treize ans – et par grâce, le Conseil souverain ne la condamna qu'à assister aux exécutions de ses père et mère en plus d'avoir à faire amende honorable avec ses parents devant la porte de l'église paroissiale, comme nous venons de le mentionner ci-dessus. Le maître des hautes œuvres appliqua tous ces châtiments le jour même de la lecture des sentences, soit le 9 juin 1672 à quatre heures de l'après-midi. Après les exécutions à mort, tous les biens du maçon Bertault furent saisis. La justice prit la moitié des 60 livres d'amende à laquelle les trois accusés avaient été condamnés pour payer les récollets afin qu'ils prient Dieu pour le repos de l'âme de Julien Latouche. Une partie de l'autre moitié servit à payer les frais du procès, et ce qui restait fut versé aux deux enfants mineurs des Bertault, Jeanne et Nicolas.

Le lendemain de l'application de ces peines capitales, la jeune Isabelle, marquée socialement par cette affaire et dépourvue de ressources financières, quitta la ville de Québec et se réfugia chez sa sœur aînée Marguerite, à Boucherville. Celle-ci était mariée depuis le 6 janvier 1668 à Denis Véronneau. C'est là qu'Isabelle fit la connaissance d'un habitant, originaire de Normandie, Noël Laurence, veuf sans enfant de Marie Limoges qu'il avait épousé à Trois-Rivières le 3 novembre 1667. Laurence se cherchait une femme, car, pour qui voulait s'établir dans la colonie, vivre seul était difficile. Il était bon d'avoir une compagne sur qui compter pour aider à défricher et cultiver le sol, et faire des enfants pour ensuite agrandir la terre. Isabelle a quatorze ans lorsqu'elle se marie le 6 novembre 1673 à Boucherville avec Noël Laurence, âgé de vingt-neuf ans. L'amitié dans le couple semblait présente puisque, en quatorze ans, c'est-à-dire jusqu'au décès de Laurence le 4 novembre 1687 à Repentigny, Isabelle donnera naissance à six enfants, soit un enfant tous les dix-huit ou vingt-quatre mois environ.

De nouveau veuve, chargée d'une terre et responsable de six enfants mineurs dont les âges variaient entre onze mois et onze ans, elle ne pouvait rester très longtemps dans cet état. Elle devait trouver un mari le plus rapidement possible. Or, en 1687, l'équilibre entre les sexes n'était toujours pas atteint. Les hommes étaient encore en plus grand nombre, ce qui avantageait Isabelle, d'autant plus qu'elle était encore assez jeune à vingt-neuf ans pour attirer les meilleurs candidats. Une fois de plus, elle réussit à se remarier avant la fin de sa première année de deuil à un immigrant de trente-deux ans originaire de la ville de Paris, Jean-Baptiste Pilon dit Lafortune. Ils s'unirent dans l'église de Repentigny le 1er mars 1688. De cette union naîtront cinq enfants dont quatre décéderont en bas âge. Seul Mathurin se rendit à l'âge adulte. Les deux derniers enfants qu'Isabelle aura à l'âge de quarante et quarante et un ans ne vivront que quelques jours. L'usure de son corps et les conditions de vie de l'époque peuvent expliquer ces décès. Elle mourra à Repentigny trois ans après son troisième mari, le 18 mars 1736, à l'âge vénérable de soixante-dix-sept ans. Cette femme aurait pu être marquée par son premier mariage avec Julien Latouche, mais elle réussit à surmonter avec succès cette épreuve et à devenir une pionnière dont les nombreux enfants firent souche en Nouvelle-France.

La femme abandonnée

Dans la colonie, certaines femmes vivaient des situations aussi pénibles que celles des jeunes filles forcées de se marier en très bas âge. Il s'agit des femmes abandonnées par leurs maris partis en France « par affaires », pour les « Îles » ou les Pays-d'en-Haut et qui ne revinrent jamais en Nouvelle-France. Ces épouses délaissées se retrouvaient souvent avec de jeunes enfants dans des situations précaires, sans ressources tant sur le plan économique que social.

Ne sachant pas si leurs époux étaient décédés ou toujours vivants, ces femmes ne pouvaient s'attacher à un autre homme et vivre avec lui sans que cette situation fasse parler le voisinage. L'Église les considérait alors comme vivant en concubinage, puisque, pour l'institution religieuse, elles étaient toujours mariées tant qu'elles n'avaient pas en mains un certificat authentique de décès de leur mari.

C'est ce qui se produisit dans le cas de la Rochelaise Marie Loubier. Unie depuis quatre ans par les liens du mariage au cordonnier Simon Énard de l'île de Ré, cette immigrante débarqua à Québec au début des années 1670 en compagnie de son mari et de ses deux petites filles, Madeleine, trois ans, et Louise, deux ans. Peut-être la famille a-t-elle essayé de s'établir sur une terre à L'Ange-Gardien sur la côte de Beaupré, car c'est à cet endroit que sera baptisée leur troisième fille, Marguerite, le 7 décembre 1673. Le cordonnier Énard ne paraît pas s'y être plu outre mesure, puisque toute la famille alla s'établir par la suite à Québec. Le 5 octobre 1675, Marie y donnait naissance à une quatrième fille, baptisée Marie. Le savetier Énard, présent au baptême de sa fille, semblait avoir toujours de la difficulté à s'adapter à son nouvel environnement au point où, quelque temps auparavant, il avait déclaré à sa femme que « s'il pouvait être hors de ce pays, elle ne le verrait plus ». En effet, à la fin du mois d'octobre 1675, même s'il n'avait pas obtenu des autorités coloniales son congé pour quitter la colonie, il réussit à s'embarquer clandestinement sur un bateau en partance pour les Antilles. Abandonnée par son mari à Québec, Marie Loubier dut se débrouiller pour nourrir et entretenir ses quatre enfants. Elle attendit en vain son mari qui ne revint plus dans la colonie.

Comment a-t-elle pu s'en sortir sur le plan économique ? Nous l'ignorons. Toutefois, on peut supposer que, comme dans la colonie les femmes en âge de se marier étaient encore en petit nombre, Marie Loubier fut assez rapidement courtisée même si elle avait plusieurs enfants. Un soldat de la garnison de la ville de Québec, Pierre Girardeau, la fréquenta assidûment à compter de l'automne 1676. Le fait que lui aussi venait de La Rochelle l'aida sans doute à faire connaissance avec Marie. Il réussit peu à peu à gagner ses faveurs. Il lui offrit des petits cadeaux, dont « une bague en or». Il lui déclara son amitié, et qu'il l'épouserait immédiatement si elle était veuve. Lorsqu'elle lui répondit qu'elle ne savait pas si son mari était mort, il affirma qu'il attendrait. Mais les deux amants étaient si près l'un de l'autre qu'ils ne pouvaient plus se quitter. Marie invita le soldat à demeurer chez elle. Il se conduisit alors comme le maître de la maison. Il prit possession du lit de Marie où, selon celle-ci, il a «couché avec elle plusieurs fois jour et nuit jusqu'à la Pentecôte [milieu du mois de mai 1679]». Il put disposer d'elle à sa guise et de tout ce qui lui appartenait au point où, un jour, il la frappa parce qu'elle ne voulait pas lui donner un peu de son argent. Marie devint enceinte «de ses œuvres». Comme Girardeau voulait toujours l'épouser et qu'elle avait reçu une lettre lui annonçant le décès de son mari dans une île des Antilles, ils rencontrèrent le curé de la paroisse Notre-Dame de Québec, Henri de Bernières, afin de régulariser leur situation. Ils lui firent part de leur désir de se marier et lui présentèrent la missive. Le prêtre ne put donner suite à leur demande, car, pour les unir devant Dieu, il lui aurait fallu un certificat attestant la mort de son mari, la lettre étant une preuve insuffisante. M. de Bernières leur fit promettre de se séparer et de «vivre sagement» l'un avec l'autre. Il ne semble pas que les deux amants aient tenu leur promesse, car, en mai 1679, à la suite de la naissance, le 27 mai, de leur enfant baptisée Marie-Françoise Girardeau, une plainte fut déposée contre Marie Loubier devant la prévôté de Québec. Marie fut traduite en justice sous l'accusation de mener «une méchante vie» avec le soldat Pierre Girardeau. Trouvée coupable, elle fut bannie de la ville de Québec pour trois ans avec l'ordre de quitter la ville dans les trois prochains jours et la défense de s'en approcher de plus d'une lieue. De plus, le juge lui ordonna de prendre soin de son enfant, de « se contenir dorénavant » et de vivre sagement et sans scandale sous peine de punition corporelle. Quant à Girardeau, il dut verser la somme de 60 livres au fur et à mesure « des besoins et nécessités » de l'enfant dont il reconnut être le père. Aussi, on le condamna à payer une amende de 5 livres en plus de la moitié des frais du procès, l'autre partie étant acquittée par Marie Loubier. Enfin, on lui défendit de fréquenter sa maîtresse à l'avenir.

Une épouse obtient la permission de se remarier après l'attestation de la mort de son mari, 29 mars 1758

Marie-Josette Brassard ci-devant épouse de Charles Guillemin de Bellefonds nous a présenté pour témoignage de la mort de son mari une lettre du nommé Dupuy, exempt des gardes de Monsieur de Larnage, gouverneur à Saint-Domingue, du 20 mars 1740 dans laquelle il dit que le dit Bellefonds était mort à Mirbalais un an ou deux auparavant. Et Monsieur Lajus qui m'a assuré savoir la mort du dit Bellefonds par Monsieur Pierre Gautier frère de Mademoiselle Rotot de Québec et les deux Du Linot, frères de Mademoiselle Du Linot, et Lamotte dit Laramée de Beauport habitant à Limonade à Saint-Domingue auxquels il parla en 1748 étant alors à Léogane. Et lecture faite a déclaré le tout véritable et a signé avec nous le 29 mars 1758.

Admise

Signé Lajus
Briand, prêtre secrétaire.

(«Témoignages de liberté au mariage», dans *Rapport de l'archiviste de la Province de Québec, 1951-1952 et 1952-1953*, p. 81)

Marie Loubier quitta la ville de Québec avec ses cinq enfants. Elle demeura probablement quelque temps non loin de la capitale de la Nouvelle-France afin de pouvoir bénéficier de l'aide pécuniaire de Girardeau pour sa petite fille. Toutefois, à la suite du décès de celle-ci à l'âge de sept mois, le 27 décembre 1679, elle quitta la région de Québec pour se réfugier à Trois-Rivières avec toute sa famille. C'est là qu'elle fit la connaissance en 1681 d'un habitant de Rivière-Nicolet, François Cuquaire dit La Réjouissance, dont la femme venait de mourir le 26 novembre 1680. Jeune veuf de trente-deux ans environ, sans enfant, il fréquenta Marie. Assez vite elle se retrouva dans son lit, puisque, le 17 juillet 1682, elle donna naissance à un enfant illégitime nommé Cuquaire qui mourut à la naissance. Le récollet Xiste Letac de la paroisse de Trois-Rivières mentionna dans l'acte de sépulture de cet enfant anonyme que les parents, Marie Loubier et François Cuquaire, vivaient en concubinage. L'année suivante, le 4 juillet 1683, Marie accoucha de jumeaux. Qualifiés de fils et fille naturels dans l'acte de baptême, Jean-François et Marguerite Cuquaire ne vécurent pas longtemps: le garçon quatre mois et la fille seulement treize jours. Sept mois auparavant, le 17 novembre 1682, Marie avait réussi à marier sa fille aînée Louise, âgée de quinze ans, à un veuf de quarante ans, François Bibeau, qui demeurait à Rivière-Nicolet où Louise vivait chez Cuquaire avec sa mère et ses sœurs. De leur côté, Marie et François continuèrent de « vivre comme mari et femme sans être mariés » encore deux ans sans être séparés ou arrêtés par les autorités. La tolérance de l'Église à leur endroit s'explique sans doute par le fait que ce couple vivait dans une région plus isolée et peu peuplée où le danger de scandale public était moins grand.

Finalement, nous ignorons si Marie Loubier a reçu le certificat de décès de son premier mari, mais le 9 octobre 1684, les concubins se rendirent à Québec où le curé Henri de Bernières les unit devant Dieu. Marie avait vécu plusieurs années « dans le péché » selon les préceptes de l'Église catholique romaine avant que celle-ci acceptât le décès de son premier mari et lui permit de se remarier. Dans l'acte de mariage, elle est qualifiée de veuve, Simon Énard, son premier mari, est dit « décédé ».

Femme fertile, Marie donnera naissance à quarante et un ans à des triplés dont les deux derniers décéderont deux jours après leur naissance, le 29 avril 1687. Le premier bébé, né quatre jours auparavant, vivra dix jours. Après la mort de Cuquaire en 1687 ou au début de 1688, Marie Loubier se mariera une troisième fois le 10 novembre 1688 à André Bonin, un immigrant originaire de l'île de Ré comme son premier mari. Il avait trente-quatre ans et elle quarante-deux. Elle terminera ses jours avec lui à Cap-de-la-Madeleine où elle décédera au début du XVIIIe siècle. Veuf, Bonin épousera à Trois-Rivières, à la fin de septembre 1705, la veuve Françoise Pinguet.

L'adultère

Même si l'Église le dénonçait comme moralement répréhensible, aux XVIIe et XVIIIe siècles, l'adultère commis par l'homme était toléré et considéré par la société civile comme normal. Le mari devait seulement faire preuve de discrétion dans ses unions adultères, veiller à ne pas dépenser trop d'argent pour sa maîtresse et à ne pas provoquer de scandale dans son ménage. Pour sa part, l'épouse raisonnable avait le devoir de fermer les yeux sur les liaisons de son mari, si elle voulait éviter la chicane dans son couple. Un certain docteur anglais du nom de Johnson écrivait au XVIIIe siècle : « La femme sera sage de ne pas s'inquiéter des infidélités de son mari, car ses plaintes la rendent plus ridicule que les torts qui les ont provoquées. » D'ailleurs, on considérait la femme comme responsable des aventures extraconjugales de son époux.

Dans le contexte de l'époque, les occasions de rencontres intimes entre deux personnes pouvaient être fréquentes. La promiscuité physique, qui existait dans les maisons où les maîtres, leurs femmes, leurs enfants et leurs domestiques partageaient un espace intérieur souvent restreint, pouvait inciter facilement, par exemple, à des relations intimes entre une jeune servante et le maître de la maison. Chez les bourgeois et les nobles, il arrivait que l'on confie à des domestiques la tâche d'habiller et de déshabiller leur maître ou leur maîtresse, de les mettre au lit la nuit et même quelquefois d'épouiller les parties les plus intimes de leur anatomie.

De plus, comme souvent chez l'élite, les parents arrangeaient les unions, et les jeunes gens se mariaient sans vraiment se connaître. Les sentiments qu'ils pouvaient avoir l'un pour l'autre ne comptaient pas. Quand les époux ne ressentaient aucune attirance réciproque, l'adultère masculin avec des servantes ou des femmes de condition inférieure était considéré comme banal, pour autant qu'il restât discret.

Notons que seul un faible pourcentage de ces liaisons entre domestiques et maîtres se réglait devant les tribunaux. Ce n'était qu'en dernier recours, et parce qu'elle était enceinte et que son séducteur refusait de reconnaître sa paternité, qu'une domestique faisait appel à la justice. Généralement, à la place, on traitait ces affaires avec discrétion, le maître veillant à payer les frais de l'accouchement et d'entretien de son enfant, la plupart du temps inscrit dans les registres d'état civil comme étant « né de père inconnu ».

Prenons le cas du marchand noble montréalais Jean-Baptiste d'Ailleboust des Muceaux, dont les relations adultères avec sa servante Marie-Suzanne Haguenier étaient, semble-t-il, tolérées par sa femme, Anne Le Picard qu'il avait épousée à Montréal, en avril 1689. Entre 1690 et 1710, ils semblent filer le parfait amour ou, du moins, sa femme paraît satisfaire ses besoins sexuels puisqu'il lui fit seize enfants durant ces deux décennies. Que s'est-il passé par la suite entre les deux conjoints ? Nous l'ignorons, mais nous constatons qu'à compter de 1715 le mari quinquagénaire délaisse sa femme pour entretenir des « amours » avec sa jeune domestique, âgée d'une vingtaine d'années. Ces relations firent à ce point scandale au sein de la population montréalaise que celle-ci se plaignit à Mgr de Saint-Vallier, qui dut intervenir. À la suite de la naissance du premier enfant adultérin de « la fille Haguenier » en 1717, l'évêque de Québec écrivit à d'Ailleboust des Muceaux afin qu'il la mette « dehors de chez lui ». Jean-Baptiste refusa et garda sa servante et maîtresse dans sa maison. Il continua à coucher avec elle, si bien qu'en 1719 celle-ci attendait un autre enfant. Même si, dans les registres de baptême de la paroisse Notre-Dame de Montréal, les enfants de Marie-Suzanne Haguenier sont dits « nés de père inconnu », nous estimons que Des Muceaux en est le père, puisque, pendant toutes ces années, « la Haguenier » demeura chez lui et fut à son service.

Comme la lettre de Saint-Vallier n'avait donné aucun résultat et que les relations continuaient comme avant entre Des Muceaux et sa servante, des Montréalais continuèrent de se plaindre à l'évêque de cette situation scandaleuse. Finalement, en 1719, celui-ci n'eut d'autre choix que de reprendre la plume et d'écrire à son grand vicaire à Montréal, M. de La Goudalie, et à tous les prêtres de la ville pour leur défendre de confesser et d'absoudre de leurs fautes le sieur Des Muceaux et la « fille Haguenier ». Aussi, il leur interdit de « recevoir au sacrement de pénitence et d'accorder le bienfait de l'absolution […] à Madame Des Muceaux, épouse de Mr Des Muceaux, et à [Paul] Haguenier le père qui doit tout employer pour retirer sa fille du péril où elle se trouve». «Ne manquez donc pas, nos très chers frères», leur demanda l'évêque de Québec, «de rejeter [ces deux personnes] du tribunal de la pénitence, [tant qu'elles n'auront pas employé] […] toute l'autorité d'un père sur sa fille pour la faire sortir, et l'amour d'une épouse sur son époux pour le déterminer à ne pas garder dans sa maison celle qui fait tort et préjudice aux âmes, et qui les éloigne, par son scandale, de la voie de leur salut». Il s'avère que cette ordonnance de Saint-Vallier n'eut pas plus de succès que sa lettre, puisque deux ans plus tard, en octobre 1721, Marie-Suzanne Haguenier donnait naissance à un troisième enfant «né de père inconnu». Finalement, les choses se calmeront entre le maître et sa servante lorsque celle-ci épousera à Montréal en 1724, à l'âge de trente-deux ans, Louis Jalteau, un jeune immigrant de vingt-deux ans originaire de la paroisse de La Couronne, diocèse d'Angoulême. Il était arrivé dans la colonie sept ans plus tôt à titre de «trente-six mois», c'est-à-dire d'engagé. Aucun enfant ne naîtra de cette union. S'agissait-il pour Marie-Suzanne Haguenier d'un mariage de raison, elle qui avait prouvé sa fécondité en donnant naissance à trois enfants en cinq ans au moment de sa relation avec Des Muceaux?

Jean-Baptiste d'Ailleboust ne fut pas le seul noble à Montréal à vivre «en adultère public». Il y eut probablement de nombreux cas au sein de l'aristocratie coloniale. Mentionnons, en 1724, les deux fils de François

Magdeleine Ruette d'Auteuil, l'ancien procureur général du roi au Conseil supérieur, Charles Ruette d'Auteuil de Monceaux et Pierre Ruette d'Auteuil de La Malotière, dont les conduites indécentes furent dénoncées aux autorités coloniales par Mgr de Saint-Vallier. Célibataire âgé de trente-quatre ans, Charles vivait au vu et au su de tout le monde avec Thérèse Catin, la femme du marchand Simon Réaume « en voyage dans les Pays-d'en-Haut ». Mariée à Réaume depuis le 19 mars 1710, Thérèse avait déjà eu un enfant en 1707, avant son mariage, d'un certain Michel Montigny. Les amours adultères de Charles et Thérèse continuèrent jusqu'à la mort de Simon Réaume. Ils purent alors régulariser leur situation. Le 27 septembre 1734, ils se marièrent à Montréal. Charles avait quarante-quatre ans et Thérèse, quarante-huit. Ils terminèrent leurs jours ensemble. Charles décéda à Chambly le 16 janvier 1755 et Thérèse, à Montréal, huit ans et demi plus tard, le 8 août 1763.

Quant à Pierre, il vivait à Québec une relation adultère avec Marie-Madeleine Soulange, dont le mari, Urbain Bellorget, aubergiste et traiteur dans la capitale de la Nouvelle-France, s'était « retiré aux Îles par mécontentement », selon l'intendant Bégon, devant la vie scandaleuse que menait sa femme. Mis au courant de cette situation en 1724 par son intendant, le ministre de la Marine ordonna « de faire passer à la Martinique où est son mari » Marie-Madeleine Soulange. Le 3 septembre 1725, le gouverneur Rigaud de Vaudreuil l'embarquait sur un navire en partance pour la Martinique. Toutefois, avant ce départ, « la Bellorget » avait dû subir en 1723 l'intrusion de son domicile et un enlèvement de la part du procureur du roi de la prévôté de Québec, Jean-Baptiste Hamard de La Borde, qui, sans avoir reçu aucune plainte ni dénonciation et sans avoir fait aucune enquête, prétendait qu'elle était enceinte de Pierre Ruette d'Auteuil de La Malotière. Il se présenta donc chez elle accompagné d'une matrone et ordonna qu'elle fût « regardée ». Après un examen forcé par la sage-femme, il s'avéra que les soupçons de La Borde étaient tout à fait injustifiés. Mais le procureur du roi ne se considérait pas comme battu pour autant. Le lendemain, il revint et, avec l'aide de deux huissiers, la fit enlever de sa maison, puis enfermer à l'Hôpital général de Québec d'où elle ne put s'échapper que quarante jours plus tard. Marie-Madeleine Soulange Bellorget, arrêtée ainsi sans preuve, voulut poursuivre en justice devant le Conseil supérieur Hamard de La Borde pour l'avoir accusée injustement, mais elle fut déboutée, le tribunal protégeant son officier.

Dans la société coloniale comme en France, le mari n'était nullement poursuivi en justice pour adultère. La fidélité conjugale était essentiellement un devoir féminin que l'épouse devait observer avec respect si elle ne voulait pas être répudiée et privée de son douaire. Cette double attitude vis-à-vis de l'adultère s'expliquait par le fait que la femme était considérée dans la société de l'Ancien Régime comme un bien dont la valeur diminuait lorsqu'il était utilisé par un autre que son propriétaire légitime, c'est-à-dire son époux. Ce double standard qui donnait aux hommes une liberté sexuelle plus grande tout en exigeant la chasteté des femmes se retrouvait à tous les niveaux de la société coloniale de la Nouvelle-France, mais encore plus dans l'aristocratie. Citons l'exemple de François de Chavigny, écuyer, sieur de La Chevrotière. Il avait épousé à Québec, le 19 juin 1675, Antoinette de L'Hôpital de Poussans, alors que celle-ci était enceinte de quatre mois au moment du mariage. Deux ans plus tard, en septembre 1677, la prévôté de Québec lui accordait l'autorisation de répudier son épouse, de la chasser honteusement de sa demeure et de la faire repasser en France si bon lui semblait, et sous le bon plaisir du gouverneur Frontenac. En effet, étant retournée en France pour régler sans doute quelques affaires de famille, elle avait trompé son mari. De fait, lorsqu'elle revint dans la vallée laurentienne en mai ou juin 1677, elle était enceinte et sur le point d'accoucher. En plus, le juge ordonna qu'elle fût privée de « ses gages et avantages matrimoniaux » et que l'enfant fût déclaré « bâtard et adultérin ». Nous ignorons ce qu'il est advenu de l'épouse et de l'enfant. Elle retourna, semble-t-il, en France puisque nous n'entendons plus parler d'elle par la suite. Un seul enfant naîtra de l'union de François de Chavigny et Antoinette de L'Hôpital, une fille baptisée Louise, née le 11 novembre 1675.

Mais Chavigny était loin d'être sans reproches, puisque, en 1674, avant son mariage, il avait fait un enfant à Marguerite Gosselin (Jasselin), un garçon né le 20 mars 1674 à Québec. Après le décès en France d'Antoinette de L'Hôpital, Chavigny se remariera à l'âge de quarante-huit ans à Beauport, le 20 avril 1699, avec une jeune fille de dix-neuf ans, Geneviève Guyon Desprès dit Dion. Elle lui donnera douze enfants, dont au moins six vivront et se marieront en Nouvelle-France.

Cependant, le cas de Chavigny est un peu exceptionnel dans l'aristocratie coloniale, car, à partir du moment où celle-ci sera assez nombreuse et bien intégrée au sein de l'administration coloniale au XVIIIe siècle, les femmes d'officiers et de bourgeois ambitieux seront presque poussées dans le lit des autorités coloniales par leurs maris, trop contents des faveurs obtenues en retour. Pensons seulement à ce qui se passa à l'époque de l'intendant Bigot entre celui-ci et Angélique Renaud d'Avène des Méloizes. La jeune Angélique, âgée de vingt-cinq ans, avait épousé à Québec le 3 janvier 1746 l'aide-major Michel Jean Hugues Péan. Selon l'annaliste des Ursulines de Québec, Mme Péan était « une personne très remarquable pour sa beauté, ses agréments et son esprit ».

Jeune, pleine d'esprit et d'un caractère assez doux et obligeant, ayant une conversation enjouée et amusante, cette séduisante et belle jeune femme fit la conquête de Bigot. Il voulut l'avoir à ses côtés lors de ses somptueux banquets et de ses parties de cartes. Mme Péan joua avec l'intendant, et des sommes importantes se perdirent et se gagnèrent lors de ces soirées. Les mémoires du temps la surnommèrent « la Pompadour » de l'intendant Bigot. Quant à son mari, il accepta délibérément cette situation, qui lui permit de devenir l'homme de confiance de Bigot et ainsi de faire rapidement fortune. L'auteur anonyme du *Mémoire du Canada* écrivait à son propos que ses qualités « consistaient dans les charmes de sa femme ».

Au cours de cette période de la fin du Régime français, on menait un grand train de vie. Plusieurs jeunes femmes de l'élite de la Nouvelle-France, mariées à des officiers ou riches bourgeois, se considéraient comme libres de prendre des amants, pourvu qu'elles aient donné un héritier mâle à leurs maris. Par exemple, il semble que ce soit le cas de Jeanne de Berry des Essars, la jeune épouse de l'officier des troupes de la marine Jean-François de Vassan. Mme Bégon écrivait à son sujet en 1748 :

> Mme Vassan, dont le mari est au fort Frontenac et qui l'avait laissée chez son père, ne s'y est pas trouvée en assez grande liberté. Elle a pris appartement chez Martel où elle est bien secondée par sa femme, aussi folle l'une que l'autre ; elle court jour et nuit.

Chez les gens du commun, la plupart des maris trompés ne répudient pas leurs femmes, ils les gardent et même les excusent. C'est le cas de Claude Jodoin, un engagé, qui avait épousé Marie-Anne Thomas Thomassin en mars 1666 à Montréal. En 1667, il dénonça un officier du régiment de Carignan, le sieur de La Freynière, qui couchait avec sa femme en lui promettant des dons, profitant de la misère où elle et lui se trouvaient. Jodoin pardonna les fredaines de son épouse, reconnaissant que ce n'était pas la faute de celle-ci, mais bien celle du sieur de La Freynière et de ses « puissantes sollicitations ». Après quatre mois de séparation, désespéré d'amour, « étant même prêt à s'en aller chez les ennemis », déclara-t-il au juge du bailliage de Montréal, il la reprit. Il fila ensuite le parfait amour avec elle. Anne lui donna dix enfants, dont cinq firent souche dans la colonie. Une autre jeune femme, Isabelle Alure, obtint le pardon de son mari, Antoine Antorche, même si elle le trompa en couchant avec deux hommes sur le navire *Sainte-Anne* pendant la traversée de l'Atlantique en 1668. Antorche supplia le Conseil souverain devant lequel comparaissait Isabelle « d'avoir pitié » d'elle. Ils accédèrent à sa requête et la condamnèrent seulement à être blâmée par le Conseil en présence de son mari à qui, en plus, elle dut demander pardon « à genoux et à haute voix » devant les membres du tribunal. L'historienne Louise Dechêne interprète ce recours des maris trompés au tribunal comme « simplement une façon de renforcer une autorité maritale défaillante ».

Cependant, il est arrivé qu'une femme mariée accusée de s'être « complaisamment » abandonnée à d'autres hommes que son époux tente de sauver sa réputation devant ce dernier en affirmant avoir été prise de force. À la fin de 1668, c'est le subterfuge qu'utilisa la « fille du roi » Marie Chauvet pour essayer de se disculper. Débarquée dans la colonie au printemps ou à l'été 1668, Marie était une candidate intéressante au mariage pour un colon qui se cherchait une femme, car elle apportait en dot des biens évalués à 300 livres, une somme importante à l'époque. Elle trouva donc rapidement un mari. Elle épousa à Québec, le 16 août 1668, un habitant de Charlesbourg, Pierre Faye. Devant l'aveu de sa femme selon lequel elle avait été violée, Faye porta plainte pour viol contre les deux agresseurs de son épouse, soit ses voisins : Pierre Vivier, marié depuis 1665 à Marguerite Roy, et le frère de celle-ci, Étienne Roy. Le 2 janvier 1669, la plainte fut déposée devant le Conseil souverain qui s'empressa aussitôt d'enquêter. Les témoins que le tribunal interrogea vinrent tous affirmer que «la Chauvet» s'était donnée avec plaisir à ses «ravisseurs». On prouva que ceux-ci n'avaient aucunement utilisé la violence pour parvenir à leurs fins. Après avoir communiqué les dépositions des témoins et les interrogatoires des accusés au mari, le Conseil souverain suggéra à Faye de transformer la plainte pour viol en plainte pour adultère. L'accusateur accepta la suggestion, et le tribunal poursuivit le procès dans ce sens. Finalement, le 21 janvier 1669, le Conseil souverain trouva coupables d'adultère les deux hommes. Il les condamna à huit jours de prison, «les fers aux pieds et au pain et à l'eau», à payer chacun 15 livres de dommages et intérêts au mari, Pierre Faye, et à verser 10 livres d'amende chacun à l'Hôtel-Dieu de Québec. En plus, il est dit dans la sentence qu'ils demeureront en prison tant et aussi longtemps qu'ils n'auront pas payé les amendes et versé les dommages et intérêts à Faye. Aussi, ils durent acquitter les frais du procès évalués à 3 livres. Quant à Marie Chauvet, «dûment atteinte et convaincue» du même crime, elle fut condamnée à avoir la tête rasée, puis à être conduite par le bourreau Jacques Daigre aux carrefours ordinaires de la ville de Québec pour y être battue de coups de verges. Elle sera ensuite enfermée dans un lieu sûr où son mari veillera à la nourrir ou, s'il préfère, il pourra la reprendre avec lui. Mais comme Marie Chauvet était enceinte, l'exécution de la peine corporelle fut remise jusqu'après l'accouchement. Le 10 avril, elle donna naissance à un fils baptisé Jean-Baptiste qui décéda quatre jours plus tard. C'est probablement après cette date que le bourreau lui administra les coups de fouet. Il semble bien que, par la suite, Pierre Faye la reprit avec lui, car le 21 mars 1671, elle donna naissance à une fille baptisée Marie-Anne. Le couple établi à Charlesbourg aura sept autres enfants. On constate très bien dans ce cas-ci par la légèreté des peines données à Vivier et à Roy à quel point la société coloniale était tolérante à l'égard des hommes qui se rendaient coupables d'adultère.

Quelquefois, devant la mauvaise conduite de leurs femmes, certains maris n'ont d'autre choix que de demander qu'on enferme leurs épouses. C'est le cas du tailleur d'habits de Québec Claude Philippeau, dont la conjointe, Jeanne Énard, s'empara de ses biens et les vendit pour boire et s'amuser. Immigrant originaire de l'île de Ré, Claude Philippeau arriva dans la colonie au milieu des années 1660 avec sa femme et ses trois fillettes, Françoise, Madeleine et Jeanne, âgées respectivement de cinq ans, deux ans et un an. Il s'établit dans la région de Québec où il pratiqua son métier de tailleur d'habits. Entre 1668 et 1674, sa femme donnera naissance à quatre autres enfants. Tout allait bien pour lui jusqu'au jour où Jeanne Énard se mit à boire et à le ruiner « en vendant tout ce qu'elle pouvait attraper » pour se procurer de l'eau-de-vie ou du vin. Le 6 juin 1686, Claude Philippeau s'adressa au juge de la prévôté de Québec, René-Louis Chartier de Lotbinière, pour obtenir l'autorisation de faire interner sa femme dans « une honnête maison de-l'isle comté St-Laurent ». Il n'était plus capable de la contrôler « à cause de l'excès désordonné de sa mauvaise inclination à boire et à s'enivrer», déclara-t-il au juge Chartier de Lotbinière, et du déshonneur qu'elle occasionnait à sa famille, en plus du scandale créé auprès de la population de la ville de Québec. Celui-ci accueillit favorablement sa requête. De plus, il défendit à Jeanne Énard de revenir à Québec, sauf si elle y était ramenée par son mari. Il interdit aussi à toutes les personnes du lieu où elle sera internée de lui donner du vin ou de l'eau-de-vie et de ne lui acheter «aucune chose» qu'elle voudrait leur vendre sous peine d'une amende de 10 livres la première fois et d'une plus forte amende en cas de récidive. Nous ignorons comment les choses se sont passées par la suite, sauf que Jeanne, âgée de quarante-huit ans en 1686, vécut encore quelques années. Le 11 octobre 1694, sa femme étant décédée, Claude Philippeau se mariait en secondes noces à Québec avec la veuve d'Antoine Cadé, Charlotte Lacombe.

Les femmes furent traduites devant les tribunaux royaux pour adultère surtout au XVIIe siècle. Au XVIIIe siècle par contre, on semble avoir été beaucoup plus tolérant, car un seul procès fut instruit, celui de Geneviève Maillet en 1733, comparativement à huit pour la période précédente.

Le charivari

La société coloniale surveillait non seulement la fidélité des époux, mais aussi les délais entre la mort du conjoint et le remariage de la veuve ou du veuf. En Nouvelle-France, les unions conjugales duraient entre dix et vingt ans. Plusieurs couples ne vieillissaient donc pas ensemble, la mort d'un des deux époux venant interrompre leur vie à deux. Les jeunes pères ou mères, restés seuls avec plusieurs enfants en bas âge, s'empressaient de trouver une nouvelle conjointe ou un nouveau conjoint. Cependant, si leur remariage déviait des normes habituelles parce qu'il était trop rapide après la mort du conjoint ou de la conjointe, ou si la différence d'âge entre les deux époux était trop grande, on manifestait son désaccord en se rassemblant devant la maison des nouveaux mariés pour faire un charivari. Antoine Furetière, dans son *Dictionnaire universel* (1690), définit cet acte comme « un bruit confus que font des gens du peuple avec des poêles, des bassins et des chaudrons pour faire injure à quelqu'un ». Il a lieu habituellement le soir, à la tombée de la nuit. Il dure jusqu'à ce que le nouvel époux vienne les rencontrer, leur offrir à boire et leur donner ou leur lancer par la fenêtre une petite compensation pécuniaire.

Par exemple, à Québec le 28 juin 1683, une jeune veuve de vingt-cinq ans, Marie Couture, se remaria avec un célibataire de trente ans, Claude Bourget, trois semaines seulement après le décès de son mari, le marchand François Vessier dit Laverdure. Pour les Québécois, il était clair que cette union avait été trop précipitée; le cadavre de son mari n'était pas encore refroidi qu'elle épousait Bourget. La population de la ville de Québec protesta bruyamment contre ce mariage. Pendant six nuits consécutives, hommes, femmes et enfants firent entendre une clameur étourdissante devant la demeure des nouveaux mariés. Selon certaines croyances de l'époque, en plus de

Charivari contre un tailleur (gravure) (photo n/b)
par Hogarth, William (1697-1764)
© Bibliothèque nationale, Paris, France/Archives
Charmet/The Bridgeman Art Library
Nationality / copyright status: English / out of copyright

dénoncer cette union hors norme, le temps trop court entre le décès et le remariage n'ayant pas permis d'assurer la séparation de l'épouse survivante d'avec son défunt mari, ce vacarme nocturne avait pour but de l'établir. Incapables de faire taire les charivaristes, les autorités civiles firent appel à l'évêque de Québec, Mgr de Laval. Le 3 juillet 1683, il émit un mandement dans lequel il menaçait d'excommunication tous les parents, les maîtres et les maîtresses qui enverraient ou permettraient que leurs enfants ou leurs domestiques participent dorénavant à ces assemblées. Cette mesure réussit pour un certain temps à réduire au silence les manifestants.

Mandement de Mgr de Laval contre les charivaris, 3 juillet 1683

Ayant été informé qu'en conséquence du mariage célébré dans cette ville de Québec depuis six jours, grand nombre de personnes de l'un et l'autre sexe se seraient assemblées toutes les nuits sous le nom de charivari et auraient dans leurs désordres et libertés scandaleuses, comme il arrive ordinairement, commis des actions très impies et qui vouent à une entière dérision de nos mystères et des vérités de la religion chrétienne et des plus saintes cérémonies de l'Église, ce qui nous aurait obligé de recourir au bras séculier pour faire cesser ces sortes d'assemblées, lequel aurait employé son autorité pour les réprimer. Nonobstant quoi, nous avons appris que non seulement ils continuent, mais encore qu'ils vont augmentant de jour en jour ce qui nous oblige, par le devoir de notre charge, de joindre l'autorité de l'Église à celle du bras séculier et de nous opposer de tout notre pouvoir à ces sortes d'impiétés et à de telles assemblées expressément défendues à tous les fidèles de l'un et de l'autre sexe et même par les ordonnances civiles. [...] Nous, pour ces causes et pour apporter un remède convenable à un grand mal qui ne pourrait avoir que des suites et des conséquences très funestes, faisons très expresses inhibitions et défenses à tous les fidèles de l'un ou l'autre sexe de notre diocèse de se trouver à l'avenir à aucune des dites assemblées qualifiées du nom de charivari, aux pères et mères d'y envoyer ou permettre que leurs enfants y aillent, aux maîtres et maîtresses d'y envoyer leurs domestiques ou permettre volontairement qu'ils y aillent, le tout sur peine d'excommunication. Et afin que personne n'en prétende cause d'ignorance nous voulons que notre présente ordonnance soit lue et publiée au prône de l'église paroissiale de Québec et autres lieux de notre diocèse et affichée à la porte des églises.

Donné à Québec le 3e juillet mil six Cent quatre vingt trois

François,
Évêque de Québec

(Henri Têtu et C.-H. Gagnon, *Mandements, lettres pastorales et circulaires des évêques de Québec*, 1887, vol. I, p. 114-115.)

Sous le Régime français, les Québécois exprimèrent au moins une autre fois leur désaccord à un mariage hâtif en secondes noces. En mars 1728, ils firent un chahut dans les rues de la ville de Québec pour dénoncer le remariage, après seulement quatre mois de deuil, du veuf Joseph-Marie Caron, vingt-neuf ans, avec Marie-Madeleine Levasseur, vingt-cinq ans, la fille du sculpteur Noël Levasseur. Ce tintamarre de dérision qui se tint tant à la basse qu'à la haute-ville avait pour but de stigmatiser en quelque sorte le comportement de Caron qui violait les règles de la morale. On voulait ainsi lui rappeler la conformité sociale.

Non seulement devait-on veiller à ne pas se remarier trop rapidement après la mort du conjoint, mais au XVIIIe siècle, à partir du moment où l'équilibre entre les sexes fut établi dans la colonie, il fallait faire attention à ce que la différence d'âge entre les époux ne fût pas trop grande, si on ne voulait pas être l'objet d'un charivari. Comme l'écrit l'historien français Daniel Fabre, dans *Histoire de la vie privée. De la Renaissance aux Lumières* (1986), on considérait sous l'Ancien Régime que chaque génération possédait collectivement les partenaires de son âge et que tout remariage lui dérobait indûment un conjoint possible. L'union d'un vieillard avec une jeune fille pouvait ainsi provoquer un charivari. Les célibataires qui considéraient s'être fait prendre une jeune femme ainsi qu'un patrimoine qui leur était réservé venait faire un chahut devant la demeure des nouveaux mariés. C'est ce qui se produisit à Montréal après le mariage, à la fin novembre 1717, du marchand Pierre Chartier, âgé de cinquante et un ans, avec Catherine Catin qui n'avait que vingt-six ans. Des jeunes gens vinrent faire du « tumulte » devant la maison des nouveaux mariés, protestant contre le fait qu'un

« vieux » venait leur enlever une candidate potentielle au mariage. Chartier refusa de se manifester et de donner aux charivaristes la récompense attendue. « Les effronteries » durèrent près d'un mois. Ce n'est qu'après que les principaux participants eurent défoncé la porte de la maison de Chartier et y furent entrés de force que les autorités judiciaires arrêtèrent les principaux charivaristes à la suite du dépôt d'une plainte de la part du marchand Chartier.

Après Mgr de Laval, Mgr de Saint-Vallier demanda à ses curés dans son *Rituel du diocèse de Québec*, publié en 1703, de faire « connaître au peuple l'horreur que l'Église a du charivari, qui est très opposé à la dignité et sainteté du mariage », et l'épiscopat québécois continua par la suite à combattre cette pratique. Toutefois, malgré toutes ces exhortations épiscopales, on constate que cette coutume se poursuivit pendant les XVIIIe et XIXe siècles, et le début du XXe siècle. L'historien René Hardy, qui a étudié attentivement cette tradition, a retrouvé 176 charivaris entre 1800 et 1935. Cependant, il est probable que plusieurs brouhahas nocturnes ne nous sont pas connus, les victimes s'étant empressées de payer rapidement la rançon exigée pour que le vacarme cessât et que la publicité autour de leur mariage se tût.

CONCLUSION

Anonyme, XVIIIe siècle, copyright Roger-Viollet.

Ce livre a suivi le parcours de l'homme et de la femme au cours d'une partie de leur vie en Nouvelle-France, depuis leur arrivée dans la colonie à titre de célibataires jusqu'à certaines circonstances de leur vie conjugale. À l'aide principalement des archives judiciaires, nous avons pu reconstituer des moments de leur vie aux XVIIe et XVIIIe siècles, et cerner un peu leur façon d'aimer et d'être aimés.

Le monde dans lequel vivaient les gens en Nouvelle-France les amenait naturellement à se rencontrer, à se « voisiner » pour le travail, les fêtes, les cérémonies religieuses. Nous avons accompagné les Canadiens et Canadiennes dans ces premières rencontres au moment d'une noce, d'un baptême ou des travaux dans les champs. Nous les avons vus badiner, rire ensemble et se taquiner amicalement au vu et au su du voisinage. Ils ont pu ainsi s'approcher et peu à peu s'apprivoiser. Toute cette cour poursuivie sous le regard d'autrui a cimenté et légitimé leurs liens amoureux et leur intimité. Devenir intime de quelqu'un en Nouvelle-France ne pouvait se réaliser qu'après avoir franchi ces diverses étapes. Il fallait ensuite se fréquenter, déclarer son amour en échangeant certains petits cadeaux : fichus, foulards, bagues, etc., autant de signes de leur attachement mutuel.

Dans ce contexte, la femme, souvent soumise aux sollicitations masculines, en plus d'être l'objet de pressions de la part de ses parents pour qu'elle se marie, n'avait d'autre choix souvent que de céder, d'accepter les caresses de son séducteur et de passer à l'acte avant le mariage. Chose grave, puisqu'elle mettait alors sa réputation et celle de ses parents en jeu, ce qui n'était pas du tout le cas de l'amant. Double standard où la domination masculine et l'inégalité sociale et juridique de la femme étaient habituelles.

Également, il y avait entre les rapports sexuels et le mariage une liaison étroite. Une femme qui devenait enceinte lors de rapports prénuptiaux subissait moins l'opprobre social si elle se mariait avant la naissance de l'enfant, que celle qui attendait un enfant que le père refusait de reconnaître et qui se sauvait. Cette dernière demeurait marquée par la société. Généralement, elle avait ensuite plus de difficultés à se trouver un mari.

Des Canadiens et Canadiennes se sont séduits et aimés malgré l'opposition des parents. Leur amour étant plus fort que tout, ils ont vécu ensemble et ont atteint leur but: se marier. Quelques couples, par exemple ceux qui vivaient en concubinage, allant même jusqu'à braver toutes les condamnations des autorités et du voisinage pour habiter ensemble.

Aussi, à travers l'étude des amours dramatiques, c'est-à-dire celles qui se terminaient soit par une naissance hors mariage et un mariage précipité, soit par le déshonneur de la fille abandonnée par son amant, nous avons tenté de cerner tout le poids social et la signification des gestes de la séduction et des rituels accomplis lors des fréquentations amoureuses et du mariage. L'ensemble des affaires de séduction prouve, du moins pour les femmes non mariées et les gens du commun, que les pratiques de la fréquentation amoureuse étaient basées, dans la majorité des cas, sur le consentement mutuel des deux parties. Pour une des rares fois dans leur vie, les femmes détenaient un relatif pouvoir qui leur donnait une certaine liberté de décision. Il leur appartenait de céder ou non aux avances de leur prétendant. Elles jouissaient temporairement d'une situation de supériorité sur leur amant. Elles recevaient toute leur attention, leurs belles paroles flatteuses et leurs propositions, et avaient la possibilité d'y donner suite ou non. Toutefois, leur décision était influencée par le fait que leur honneur était en jeu. La valeur attachée à leur chasteté sur le marché du mariage était très importante. Elles devaient donc soigneusement calculer quelles faveurs elles pouvaient concéder à chaque étape sans risquer d'apparaître trop « sainte-nitouche » ou trop généreuse dans leurs affections. C'est pourquoi elles ne devaient céder leur vertu qu'après avoir obtenu une promesse de mariage de leur courtisan. Alors, l'activité sexuelle extraconjugale était vécue par elles comme prénuptiale.

Ces jeux de l'amour et de la séduction cessaient souvent rapidement après le mariage. Les exigences du travail de tous les jours, la fatigue et les enfants faisaient en sorte que ce sentiment par lequel deux êtres s'unissaient, partageaient leurs jours et s'épanouissaient en recherchant d'abord le bonheur de l'autre s'atténuait devant la nécessité de répondre aux besoins primaires de la famille naissante. La plupart des couples ont préféré l'amitié que mettait de l'avant l'Église à l'amour qu'elle leur enseignait comme étant dangereux.

Par le biais des interventions rigoristes de l'évêque de la Nouvelle-France, Mgr de Saint-Vallier, concernant les fréquentations et le mariage, l'Église a voulu inspirer la peur de l'enfer et la crainte de Dieu à ses fidèles. Elle leur a présenté un Dieu menaçant, vengeur, « courroucé » par leurs fautes et pouvant faire déferler les pires cataclysmes sur eux. Elle qui cherchait à contrôler les consciences professait à tous et à toutes que les conduites considérées comme « agréables à Dieu » sont celles où « l'œuvre de chair ne se désirait qu'en mariage seulement ». Dans le mariage, elle prônait la discipline des corps et des appétits. L'Église a imposé ainsi un modèle de sexualité uniquement procréatrice qui ne pouvait se pratiquer que dans le cadre du mariage. Les prêtres se sont immiscés dans la vie privée des fidèles, déclarant que le devoir conjugal devait s'exercer de façon modérée sans trop d'empressements amoureux, allant jusqu'à déterminer les temps où les couples mariés pouvaient accomplir l'acte et comment le coït devait se dérouler. Toutefois, il est pratiquement impossible de vérifier jusqu'à quel point ces enseignements ecclésiaux ont été suivis par les Canadiens. Cependant, il reste qu'« une telle glaciation des comportements », selon l'expression de l'historien français Robert Muchembled, représente davantage les rêves des moralistes. Elle peut difficilement être le reflet des réalités journalières vécues par les Canadiens et Canadiennes.

La vie quotidienne de nos ancêtres était ainsi ponctuée de désirs et de plaisirs, d'amour et de haine, de joies et de peines, de contraintes, mais aussi de liberté et de grands espaces où il faisait bon vivre. Enfin, la manière dont les hommes et les femmes interagissaient dans l'espace plus spécifique du jeu de la séduction et de l'amour nous a permis de comprendre les relations inégales qui existaient en Nouvelle-France entre les hommes et les femmes.

Bibliographie

Nous n'avons pas la prétention de vous présenter ici une bibliographie exhaustive, nous voudrions simplement vous indiquer les principales sources et les livres qui nous ont été utiles dans la préparation et la rédaction de cet ouvrage.

Outre les actes notariés, les actes d'état civil tirés du Programme de recherche en démographie historique, les ordonnances des intendants, les mandements des évêques de Québec, le catéchisme et le rituel écrits par Mgr de Saint-Vallier, les nombreuses affaires criminelles et procès retrouvés aux Archives nationales du Québec dans les registres du Conseil souverain ou supérieur de Québec, de la prévôté de Québec, des juridictions royales de Montréal et de Trois-Rivières, pour bâtir cet ouvrage et l'écrire, nous avons lu et utilisé les livres et articles énumérés ci-dessous.

ARÈS, Richard. « Les Relations des Jésuites et le climat de la Nouvelle-France », *Mémoires de la Société royale du Canada,* série IV, t. VIII, 1970, p. 78-90.

BARBEAU, Marius. *Les chansons populaires du vieux Québec,* Ottawa, Musée national du Canada, s. d.

BERNOS, Marcel. « L'Église et l'amour humain à l'époque moderne », *L'amour à l'époque moderne,* Actes du Colloque 1992, Association des historiens modernistes, Paris, Presses de l'Université de Paris-Sorbonne, 1994, p. 61-84.

BIRABEN, Jean-Noël. « Nicolas Venette. De l'amour humain dans le mariage », dans Michel ROUCHE (dir.), *Mariage et sexualité au Moyen Âge. Accord ou crise,* Paris, Presses de l'Université de Paris-Sorbonne, 2000, p. 318-361.

BOYER, Raymond. *Les crimes et les châtiments au Canada français du XVIIe au XXe siècle,* Montréal, Le Cercle du livre de France, 1966.

BRUNET, Manon et Serge GAGNON (dir.). *Discours et pratiques de l'intime,* Québec, Institut québécois de recherche sur la culture, 1992.

CHARBONNEAU, Hubert, et autres. « La population française de la vallée du Saint-Laurent avant 1760 », dans Serge COURVILLE (dir.), *Atlas historique du Québec. Population et territoire,* Québec, Les Presses de l'Université Laval, 1996, p. 31-43.

CHARTIER, Roger (dir.). *Histoire de la vie privée.* Tome 3 : *De la Renaissance aux Lumières*, Paris, Seuil, 1986.

CLICHE, Marie-Aimée. « Filles-mères, familles et société sous le Régime français », *Histoire sociale,* vol. XXI, n° 41, 1988, p. 39-69.

________. « Grossesse oblige ! Les abus sexuels aux XVIIe et XVIIIe siècles », *Cap-aux-Diamants,* printemps 1990, p. 59.

DECHÊNE, Louise. *Habitants et marchands de Montréal au XVIIe siècle,* Paris-Montréal, Plon, 1974.

DESPLAT, Christian. *La vie, l'amour et la mort. Rites et coutumes, XVIe-XVIIIe siècles*, Biarritz, J. et D. éditions, 1995.

DUMAS, Sylvio. *Les Filles du roi en Nouvelle-France. Étude historique avec répertoire biographique,* Québec, Société historique de Québec, 1972.

FABRE, Daniel. « Familles. Le privé contre la coutume », dans Roger CHARTIER (dir.), *Histoire de la vie privée. Tome 3: De la Renaissance aux Lumières*, Paris, Seuil, 1986, p. 544-579.

FARGE, Arlette. « Jeu des esprits et des corps au XVIIIe siècle », dans Cécile DAUPHIN et Arlette FARGE (dir.), *Séduction et sociétés. Approches historiques*, Paris, Seuil, 2001, p. 70-91.

________. *Le goût de l'archive*, Paris, Seuil, 1989.

FILLION, Anne. « Les fleurs de l'amour », *L'amour à l'époque moderne*, Actes du Colloque 1992, Association des historiens modernistes, Paris, Presses de l'Université de Paris-Sorbonne, 1994, p. 101-117.

________. « Fréquentation, amour et mariage au XVIIe siècle dans les villages du sud du Maine », *Annales de Bretagne*, t. 93, 1986, n°s 1 et 2, p. 44-75, 171-191.

FLANDRIN, Jean-Louis. *Les amours paysannes, XVIe-XIXe siècles. Amour et sexualité dans les campagnes de l'Ancienne France*, Paris, Gallimard, 1975.

________. *Le sexe et l'Occident. Évolution des attitudes et des comportements*, Paris, Seuil, 1981.

GAGNON, Serge. *Plaisir et crainte de Dieu. Sexualité et confessions au Bas-Canada*, Québec, Les Presses de l'Université Laval, 1990.

________. *Mariage et famille au temps de Papineau*, Québec, Les Presses de l'Université Laval, 1993.

GERMAIN, Georges-Hébert. *Les coureurs des bois. La saga des Indiens Blancs*, Montréal, Libre Expression et Musée canadien des civilisations, 2003.

GOSSELIN, Auguste. *L'Église du Canada depuis Monseigneur de Laval jusqu'à la Conquête. Première partie: Mgr de Saint-Vallier*, Québec, Laflamme et Proulx, 1911.

HARDY, René. « Le charivari: divulguer et sanctionner la vie privée » dans Manon BRUNET et Serge GAGNON (dir.), *Discours et pratiques de l'intime*, Québec, Institut québécois de recherche sur la culture, 1992 p. 47-69.

________. «Le charivari dans l'espace québécois», dans S. COURVILLE et N. SÉGUIN (dir.), *Espace et culture,* Québec, Les Presses de l'Université Laval, 1995, p. 175-186.

LAMONTAGNE, Sophie-Laurence. *L'hiver dans la culture québécoise (XVIIe-XIXe siècles)*, Québec, Institut québécois de recherche sur la culture, 1983.

LANDRY, Yves. «Les Français passés au Canada avant 1760. Le regard de l'émigrant», *Revue d'histoire de l'Amérique française,* vol. 59, n° 4, 2006, p. 481-500.

LHOEST, Benoît. *L'amour enfermé: sentiment et sexualité à la Renaissance,* Paris, Orban, 1990.

MASSICOTTE, E.-Z. «Le charivari au Canada», *Bulletin de recherches historiques,* 1926, p. 712-725.

MATTHEW-GRIECO, Sara-F. «Corps, apparence et sexualité», dans Nathalie ZEMON-DAVIS et Arlette FARGE (dir.), *Histoire des femmes en Occident, XVIe-XVIIIe siècles,* Paris, Plon, 1991, p. 59-93.

________. «Corps et sexualité dans l'Europe d'Ancien Régime», dans Georges VIGARELLO (dir.), *Histoire du corps.* Tome 1: *De la Renaissance aux Lumières,* Paris, Seuil, 2005, p. 167-234.

MELCHIOR-BONNET, Sabine et Catherine SALLES. *Histoire du mariage*, Paris, Éditions de La Martinière, 2001.

MUCHEMBLED, Robert. *L'orgasme et l'Occident. Une histoire du plaisir du XVIe siècle à nos jours*, Paris, Seuil, 2005.

PHAN, Marie-Claude. *Les amours illégitimes: histoires de séduction en Languedoc (1676-1786),* Paris, Éditions du Centre national de la recherche scientifique, 1986.

RANUM, Orest. «Les refuges de l'intimité», dans Roger CHARTIER (dir.), *Histoire de la vie privée.* Tome 3: *De la Renaissance aux Lumières*, Paris, Seuil, 1986, p. 211-265.

ROQUEBRUNE, Robert de. «La guerre et l'amour au Canada d'autrefois», *Les Cahiers Reflets,* vol. 1, nº 6, avril 1945, Montréal, 31 p.

ROY, Pierre-Georges. « Un procès criminel au dix-septième siècle », *Bulletin des recherches historiques*, vol. 10, 1904, p. 193-211 et 229-244.

SAVOIE, Sylvie. «Les Amérindiens sous le Régime français», dans André LACHANCE (dir.), *Les marginaux, les exclus et l'Autre au Canada aux XVIIe et XVIIIe siècles,* Montréal, Fides, 1996, p. 181-200.

SEGALEN, Martine. *Mari et femme dans la société paysanne,* Paris, Flammarion, 1980.

________. *Amours et mariages de l'ancienne France,* Paris, Berger-Levrault, 1981.

________. *Éloge du mariage,* Paris, Gallimard, 2003.

SÉGUIN, Robert-Lionel. *La vie libertine en Nouvelle-France au dix-septième siècle,* vol. 1 et 2, Montréal, Leméac, 1972.

TRUDEL, Marcel. *Histoire de la Nouvelle-France.* III: *La seigneurie des Cent-Associés, 1627-1663.* Tome 2: *La société,* Montréal, Fides, 1983.

YOUNG, Russell Scott. *Vieilles chansons de Nouvelle-France,* Québec, Les Presses de l'Université Laval, 1956.

REMERCIEMENTS

Ma gratitude, je l'adresse d'abord à toutes celles et à tous ceux qui, dans les salons du livre ou après mes conférences, m'ont encouragé à continuer à faire connaître les richesses de la vie quotidienne de nos ancêtres sous le Régime français. Ma reconnaissance va aussi à mes deux lectrices: ma compagne du quotidien, Louisette, et mon amie, la romancière Monique Fournier. Leurs remarques pertinentes et leurs commentaires judicieux et constructifs m'ont permis de présenter un travail mieux écrit et plus clair. Enfin, je ne pourrais terminer sans remercier toute l'équipe des éditions Libre Expression pour leur excellent travail et leur confiance à mon égard. Un merci spécial à André Bastien, le grand maître de la maison, dont l'expérience dans le domaine de l'édition et le professionnalisme sont sans égal.

André Lachance

Cet ouvrage a été composé en Times Europa 12/15
et achevé d'imprimer en février 2007 sur les presses de
Quebecor World Saint-Romuald, Canada.

Imprimé sur du papier Quebecor Enviro 100 % postconsommation,
traité sans chlore, accrédité Éco-Logo et fait à partir de biogaz.

certifié | procédé sans chlore | 100 % post-consommation | archives permanentes | énergie biogaz